かんたん！かわいい！

はじめての
園児のおべんとう

上島亜紀

西東社

登園することが楽しくなる
愛情たっぷりのおべんとう！

お母さんにとっても、子どもにとっても、はじめてのおべんとう生活。
楽しみな反面、「うまく作れるかな」、「残さずちゃんと食べてくれるかな」と
不安な気持ちもあるでしょう。
幼稚園のおべんとうで大切なもの…。それはお母さんの愛情なのかなと思います。
登園中、お友達とけんかしたり、工作がうまくいかなかったり、
先生に怒られたり、なんとなく疲れちゃったり…。
そんなときにやってくるおべんとうの時間。
おべんとう箱を開けるとなんとなく元気が出るのは、
そこにお母さんの愛情が詰まっているからなのかもしれません。

おかずが食べやすいように小さく切ってあったり、
子どもが好きな味つけにしていたり、飾り切りなどで工夫してあったり…。
園児のおべんとうは、栄養ばかりを気にするよりも愛情を込めて。
量も頑張ってたくさん入れなくていいんです。
それよりも自分の子どもが確実に食べきれる量を考えて、
そこにお母さんの愛情をたっぷり注入しましょう。
この本では、おべんとう作りに悩んでしまうお母さんの気持ちがラクになる、
簡単なのに子どもが喜ぶおべんとうのアイデアをふんだんに紹介しています。
毎日忙しいお母さんでも簡単にできる
おべんとう作りのお手伝いができたらうれしく思います。

上島亜紀

CONTENTS

- 2 登園することが楽しくなる 愛情たっぷりのおべんとう!
- 6 はじめてでも、ラクラク作れる!おべんとう
- 8 おべんとう箱と食べやすい大きさの目安
- 10 おぼえておきたい時短テク
- 11 おべんとうの詰め方
- 12 おべんとう作りに便利な調理道具
- 13 園児べんとうによく使う食材いろいろ
- 14 デコ&飾りグッズ
- 16 この本の見方&使い方

PART 1
朝15分で作る 1か月のおべんとう

- 18 毎日おいしい!ラクラクかわいい! 1か月のおべんとうスケジュール

1週目
- 21 月 照り焼きハンバーグべんとう
- 22 火 チキンナゲットべんとう
- 23 水 ミニバーガーべんとう
- 24 木 ふりかけ一口おにぎりべんとう
- 25 金 ナポリタン&えびフライべんとう

2週目
- 27 月 にこにこごはんとシュウマイべんとう
- 28 火 3色そぼろごはんべんとう
- 29 水 ミックスサンドと白身魚フライべんとう
- 30 木 揚げシュウマイ&炒飯べんとう
- 31 金 コロッケ&おにぎらずべんとう

3週目
- 33 月 ツナとコーンの炊き込みピラフべんとう
- 34 火 パンダおにぎりべんとう
- 35 水 白身魚のチリソースとロールサンドべんとう
- 36 木 キンパ風のりまきべんとう
- 37 金 グラタンべんとう

4週目
- 39 月 フレンチトースト&ポップシュリンプべんとう
- 40 火 電車のスティックおにぎりべんとう
- 41 水 星の一口おにぎりべんとう
- 42 木 バターロールのミニホットドッグべんとう
- 43 金 ハートのデコいなりべんとう

PART 2
朝ラクチン! 作りおきおかず

- 48 おさえておきたい 作りおきおかずの基本

- 50 ●鶏肉
  鶏の照り焼き/アレンジおかず/皮なしからあげ/
  鶏ささ身ロール/鶏ささ身のピカタ

- 52 ●豚肉
  レンチンロール/アレンジおかず/
  やわらかしょうが焼き/トンテキ/甘酢豚

- 54 ●牛肉
  ハヤシ風トマトケチャップ炒め/アレンジおかず/
  チンジャオロース/牛肉と枝豆のしぐれ煮/
  牛肉とにんじんの甘辛焼き

- 56 ●ひき肉
  鶏そぼろ/照り焼きバーグ/鶏つくね

- 57 ●ウインナー・ハム・ベーコン
  ウインナーエッグ/ハムとチーズのミルフィーユ/
  ベーコンのポテト巻き

- 58 ●さけ・たら
  サーモンのムニエル/アレンジおかず/
  サーモンのチーズ焼き/
  やわらかレンチンたらの甘酢和え/たらのベーコン巻き

- 60 ●めかじき
  めかじきの南蛮漬け/めかじきのみそ漬け/
  めかじきのトマトソース

- 61 ●まぐろ・ぶり
  まぐろのバーベキューステーキ/ぶりの照り焼き/
  ぶりの竜田揚げ

- 62 ●えび・いか
  えびマヨ/えびカツ/いかのフリッター

63 ●ツナ・ちくわ
ツナとコーンのそぼろ／ちくわと枝豆の甘辛炒め／
ちくわの野菜ロール

64 ●豆
豆のドライカレー／アレンジおかず
ミックスビーンズとツナのサラダ／
蒸し大豆とベーコンのお焼き／枝豆のつまみ揚げ

66 ●卵
厚焼きのり巻き卵／マヨ炒り卵／
うずらのカレーピクルス

67 ●厚揚げ
厚揚げとベーコンのくるくる巻き／厚揚げのとんかつ／
厚揚げの麻婆

68 おぼえておきたい 野菜の作りおきおかずの基本

69 ●赤の野菜
キャロットラペ／にんじんのオレンジグラッセ／
にんじんのしりしり／
パプリカとウインナーのカレー炒め／パプリカの揚げ浸し

70 ●緑の野菜
アスパラのバターしょうゆ／いんげんのピーナッツ炒め／
ブロッコリーのハーブボイル／ピーマンの塩昆布炒め／
ピーマンとベーコンの炒め物

71 ●黄の野菜
コーンサラダ／かぼちゃのサラダ／
じゃがいもとチーズのマッシュ焼き／
スイートフライドポテト／さつまいものレモン煮

72 ●茶の野菜
しめじとベーコンの炒め物／
じゃがいもとにんじんのきんぴら／れんこんの肉巻き焼き／
じゃがいも煮っころがし／たけのこの土佐煮

73 ●黒の野菜
なすの揚げ浸し／なすのベーコン巻き／
しいたけのマヨチーズ／
ひじきとパプリカのサラダ／こんにゃくの甘辛煮

PART 3
ワザあり！
10分特急べんとう

78 ① ショートパスタのお花畑べんとう
80 ② オープンいなりべんとう
81 ③ オム焼きそばべんとう
82 ④ おにぎらずべんとう
83 ⑤ ちらしずしべんとう
84 ⑥ バターロールサンドべんとう
85 ⑦ ロールサンドべんとう
86 ⑧ 星の型抜きオムライスべんとう
87 ⑨ ロコモコ風べんとう
88 ⑩ 俵おにぎりべんとう
89 ⑪ くるくるのり巻きべんとう

PART 4
一年中たのしい！
行事べんとう

94 親子遠足のおべんとう
96 運動会のおべんとう
98 こどもの日のおべんとう
100 ひなまつりのおべんとう
102 ハロウィンのおべんとう
104 クリスマスのおべんとう

106 季節をたのしむ 春夏秋冬おかず

108 材料別さくいん

COLUMN

44 おべんとうが一気にかわいくなる！ おにぎり＆デコごはん
46 かわいい飾り切りテク❶ ウインナー
74 おべんとうが一気にかわいくなる！ すきまうめおかず
76 かわいい飾り切りテク❷ かまぼこ
90 おべんとうが一気にかわいくなる！ カラフルサンドイッチ
92 かわいい飾り切りテク❸ いろいろな食材

この本があれば!! はじめてでも、ラク

**かわいい
デコアイデアも豊富！**

おべんとう箱を開けたとき、お子さんが笑顔になるような、かわいいデコアイデアを豊富に紹介。簡単にできるアイデアで、おべんとうの表情が変わります。

忙しい朝でも
**15分で
完成！**

**当日の朝は、焼く、
炒めるだけだから早い！**

メインのおかずを作りおきにすれば、当日の朝は炒める、焼く、和えるだけの簡単なおかずを作ればOK！時短＆手軽にできるのがうれしい！

**メインのおかずは
作りおきでラクチン！**

手間や時間のかかるメインのおかずは、時間のあるときに作りおきしておくのがおすすめ。2〜3種類作っておけば、1週間のおべんとう作りはラクラク！朝食や夕食の一品にも。

ラク作れる！おべんとう

作りおきおかずの味変えバリエでおいしい！

作りおきしたおかずは、調味料で味変えするほか、ごはんやめんに合わせるなどのアレンジアイデアでマンネリを解消します。

かわいくて
食べやすいから
残さず
完食♪

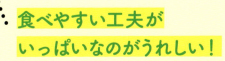

食べやすい工夫がいっぱいなのがうれしい！

ロールサンドなど、パクパク食べやすい工夫も豊富に紹介。おかずにも手づかみしやすい工夫がいっぱい。プレッツェル菓子をピック代わりにするなど、そのまま食べても安心のアイデアも。

副菜も作りおきや和えるだけであっという間！

野菜の副菜も作りおきや、当日の朝和えるだけのおかずを詰めればラクチン。詰めるときは、汁けをきるなどの詰めるときのポイントも紹介しているので汁もれも防ぎます。

年小・年中・年長別

おべんとう箱と食べやすい大きさの目安

はじめてのおべんとう作りは不安でいっぱい。最初に気になるのがおべんとう箱の大きさやおにぎりやおかずの大きさ。年小、年中、年長別の目安をおさえましょう。

おべんとう箱の大きさをおぼえる

幼稚園に入ったばかりのお子さんは食欲もムラがあるかと思いますが、だいたいの目安をおぼえておくとよいでしょう。おべんとう箱の購入の際の参考にしてみましょう。

年小さん用

270㎖

食欲にも差がある年小さんの場合は、270㎖程度のおべんとう箱が適量です。もともと食欲のあるお子さんは300㎖程度でも◎。

年中さん用

360㎖

幼稚園の生活やおべんとうにも慣れ、食欲が増してきたら、360㎖程度の大きさがおすすめです。年小さんのひとまわり大きいサイズで。

年長さん用

480㎖

食欲にもよりますが、360㎖程度のおべんとう箱で足りなければ、480㎖程度の大きさを。あくまでも全部食べきれるかをチェックして。

おべんとう箱選びのチェックポイント

深さ

おべんとう箱にもよりますが、深さ2.5～3㎝ぐらいのものがおかずを詰めやすいでしょう。

材質

電子レンジ対応のものがあると便利です。園によっては、保温器を使う場合もあるので、対応する材質を確認して。

ふた

子どもが使いやすいのは、かぶせるふたのタイプ。ふたがキツいものは開けづらく園児には不向き。

> おにぎりの大きさ

お子さんの口の大きさに合わせてにぎって

おにぎりの大きさは、お子さんのお口の大きさに合わせるのが基本。分量は年小で80〜100g、年中で100〜120g、年長で150gぐらいを目安にしましょう。

✏️ **MEMO**

パンの大きさはどうする？

パンのおべんとうにするなら、直径3〜5cmぐらいのミニロールパン（P13）やロールサンドの長さを4等分にした大きさが目安です。

> おかずの大きさ

おべんとう箱が小さいので3つぐらい入るように

おべんとう箱の大きさに合わせるのが基本。鶏のから揚げなら、年小さんは3cm大、年中さんは4cm大、かみ切って食べられるようになる年長さんなら5cm大が目安。

✏️ **MEMO**

年小のときは手づかみできるものが基本

スプーンやフォークなどを使って、上手く口に運べない園児もいます。おにぎりやサンドイッチは、手づかみできる大きさのものが基本です。

そしゃく力の弱い園児でも大丈夫！

肉を食べやすくするアイデア

隠し包丁をする

肉がかたくてかみ切れないときは、肉に切り目を入れながら、繊維を断ち切り、やわらかく。

ささ身はそぎ切りにする

やわらかめのささ身も、そぎ切りにすることで、繊維を断ち切って、さらに食べやすくなります。

ヒレ肉はさいの目

ヒレ肉もやわらかいお肉ですが、さいの目に切り目を入れることで、さらにやわらかくなります。

薄切り肉はかみ切りやすい

しゃぶしゃぶ用の薄切り肉を使って、野菜巻きなどにするとかみ切りやすくなります。

コツをおさえればさらに簡単！
おぼえておきたい時短テク

忙しい朝は、とにかく短時間で手際よくおべんとうを作りたい！ バタバタせずに、効率良くおべんとうを作れるよう、ポイントをおさえましょう。

作りおきおかずを作っておく

作りおきおかずは、そのまま詰められるからとにかく朝がラクチン。簡単なひと手間を加えてアレンジしても。詰めるときは電子レンジなどで再度加熱し、粗熱を取ってから詰めると傷みにくい。

週末にまとめて作りおき！

そのままでもアレンジしても！

野菜のおかずもまとめて作る！

ミニサイズの調理器具で時短

おべんとうおかずは少量なので、調理器具も小さいものがおすすめ。鍋ならミルクパン、小さいフライパンと卵焼き器をそろえると便利（P12）。時短だけでなく節約にもなります。

湯を沸かす時間を短縮！

油が少なくてすむから時短＆節約！

ひとつの鍋・フライパンで仕上げる

違うおかずも、ひとつの鍋で同時に加熱すれば時短に。洗い物も少なくてすむので一石二鳥です。

同じフライパンで焼く

パスタはひとつの鍋でゆでる→仕上げ！

パスタと一緒に野菜をゆでる

湯をきってそのままソースを加えて和えて完成！

同じ湯でゆでる

同じ鍋で揚げる

COLUMN

コツをつかめば意外に簡単！時短テク。

初めから短時間でおべんとうを作るのは至難のわざ。徐々に慣れながらマスターしましょう。キッチンばさみで材料を切りながら直接お鍋に入れるなども時短テクです。

グンとかわいい印象になる！

おべんとうの詰め方

おかずを作ったはいいものの、詰めるのが難しいと感じている方も多いのでは？　主食、メインのおかず、副菜、すきまうめおかずの順に入れるのが基本です。

① おにぎりをカップに入れて詰める

POINT　おにぎりをカップに入れる理由

おにぎりが崩れにくくなり、味うつりも防げる。カップによって適度にすきまができるので、つまみやすい。

② メインのおかずをカップに入れて詰める

POINT　味うつりしないコツ

メインのおかずなどはしっかりと味がついているので、カップに入れてから詰めれば味うつりを防げる。

③ 副菜を詰める

POINT　汁もれを防ぐコツ

汁けのあるものは汁けをきってから詰めることが大切。紙カップではなく、シリコンカップを使うのもおすすめ。

④ すきまうめおかずを入れて完成！

POINT　かたよらないコツ

仕上げにすきまうめおかずを空いたスペースに詰めて固定させたり、おかずをカップに入れることでかたよりにくくなる。

POINT　衛生・安全対策のこと

おかずは必ず粗熱をとってから詰めましょう。おかずを作ったら詰める前に、保冷剤を下においたバットやお皿に並べると粗熱がとれやすいです。温かいままおべんとう箱のふたをすると水滴がたまり、その水分が傷みの原因になることも。

あると便利！

おべんとう作りに便利な調理道具

おべんとう用に調理道具を用意すると、断然ラクにおべんとうが作れるように。普段の調理道具でも作れるけれど、毎日のことだから、ぜひそろえてみて。

加熱するとき

おべんとう作りには、小さい鍋やフライパンが大活躍。

ミルクパン
ゆでる＆揚げる際に便利。サイズが小さいので、少しの湯や揚げ油で料理可能。

小さめフライパン
おべんとう以外にも朝食などでのちょっとした炒め物に◎。洗い物も簡単。

小さめ卵焼き器
1人分の卵焼き作りに便利。卵1個でもきれいな形の卵焼きが作れる。

下ごしらえ・デコに

少ない分量で作る園児のおべんとう作りには、細かい作業もラクチンな道具をそろえて。

フードプロセッサー
食材をみじん切りやすり身にしたいときに大活躍。短時間で下ごしらえが可能に。

食品用保存ポリ袋
下味をつけたり、漬物を作るときなど、ジッパーつきの保存袋では大きいときに。

ラップ（大・中・小）
ロールサンドイッチの形を落ち着かせたいときや、デコおにぎりなどをピタッと包んで。

まきす
卵焼きの形を整えたり、巻き寿司を作る際に。

箸
小さい鍋には普通の長さの箸が◎。多めに用意して使い回しせずに使うと衛生的。

常備しておきたい！
園児べんとうによく使う 食材いろいろ

定番のものから、おべんとうならではの便利なものまで、あると便利な食材を紹介します。市販のものを上手に活用して、無理のないおべんとう作りを続けましょう。

そのまま使える

忙しい朝はそのまま使える食材を上手に活用して、時短調理！

サンドイッチ用パン
薄くスライスされ、耳もカットしているから子どもでも食べやすい。

ミニロールパン
園児にはミニサイズがぴったり。具材を挟んでバーガーなどに。

うずらの卵
そのまま詰めておかずとしても、デコってもかわいい。

ちくわ・かまぼこ
ちくわはそのままでも炒めても。かまぼこは切り方でアレンジ。

ハム
そのままでも炒めてもOK。サンドイッチの具などにおすすめ。

缶詰
ツナやランチョンミートなどの缶詰はごはんや野菜との相性抜群。

チーズ
パンに挟んだり、すきまに詰めても。数種類を常備しておくと便利。

日持ちする

保存がきくから使いたい分だけ少しずつ使える！常備しておきたいおすすめ食材。

冷凍野菜
解凍させるだけで下ごしらえがいらないから、手間いらず。

早ゆでパスタ
普通の乾燥パスタもいいけれど、忙しい朝は早ゆでタイプが◎。

のり
おにぎりにはもちろん、デコのパーツとしても使える。

マッシュポテト
じゃがいもをゆでてつぶす必要がなく、戻すだけでOK。

味つけ・衣つけに便利

簡単に味が決まるから市販品も上手に活用していきましょう。

ふりかけいろいろ
ごはんに味だけでなく、色味もつけられる。

塩こんぶ
漬物などにプラスすれば、食感に変化が。

トマトソース
パスタなどの味つけはトマトソースで簡単に。

ホワイトソース
手間のかかるホワイトソースは市販品でラクラク。

粉類
まぶすなど、少量使いのときはボトルタイプが便利。

子どもが喜ぶ！
デコ&飾りグッズ

おべんとうを楽しく彩るための、便利グッズを紹介します。100円ショップなどでも手に入るお手頃なグッズもたくさんあるので、ぜひそろえてみて。

おかずを詰める・保存する

カラフルでかわいいデザインのものを選べば、おべんとうがいっそう明るく！

まとめる・とめる・食べやすくする

固定したり食べやすくするだけじゃない！おかずに刺すだけで簡単デコ。

顔などのデコをするとき

細かい作業がグンとラクになる、あると便利なグッズたち。

デコには欠かせないグッズ

顔パンチ
のりをパンチでくり抜くだけで、きれいなパーツが完成。

切り込みを入れるときに便利

はさみ
比較的大きいパーツなど、包丁では切りづらいものもラクラク。

ピンセット・竹串
指では扱いづらい、細かいパーツをデコる際に。

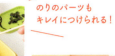

のりのパーツもキレイにつけられる！

小さいものをつかむのに便利

おにぎり・パン・野菜を形作るときに

細かい作業が苦手な人でも、詰めるだけくり抜くだけで簡単にかたどれる！

ごはんを型に詰めてふたで押すだけ

ごはん型
のりをパンチした顔パーツで飾ればさらにかわいい。

ごはんを型に詰めてふるだけ

おにぎり型
小さいおにぎりは意外に作りづらい。型を使えば、かわいいおにぎりが簡単に。

ウインナーにマークをつけられる

ウインナー型
焼く前に型を押しつけるだけ。ハートや星以外に動物の顔などもある。

抜き型
野菜、ハム、スパム、スライスチーズ、薄焼き卵などを抜いて。

薄焼き卵も抜き型でかわいく！

ハムや野菜もハート型や星型で抜いて！

便利なデコグッズ

おべんとうを簡単に飾れるグッズは他にもいろいろ。

ラップにかけるペン
においや安全面に配慮されたペン。イラストやメッセージをかいて。

ラップにお絵描きしてラクラクデコ！

カラフル仕切り
定番の緑色以外にも、カラフルなものがたくさんある。

COLUMN

簡単なデコから無理せずはじめて！

複雑なデコをしなくても、ピックを刺すだけでも、抜き型で抜くだけでもOK。毎日のことだから、最初から頑張りすぎずに続けていきましょう。

この本の見方＆使い方

その週に使う作りおきおかずを紹介

園児も大喜びの
作りおきおかずとそれを使った
かんたん15分べんとう

朝、短時間で作れる1か月分のおべんとう。献立を考えるのが苦手な人もこれさえあれば大丈夫。

各おべんとうには
段取りがわかる
タイムテーブルつき

らくらくテク、デコポイント、
食べやすい工夫など
ポイントをわかりやすく！

ひと目でわかる
冷蔵・冷凍保存
マーク

味つけがひと目で
わかるマークつき

作りおきおかずの
アレンジレシピも

デコのバリエーションも紹介

10分べんとう、行事べんとうなど
かんたんでかわいい
おべんとうのアイデアも豊富！

寝坊した日に助かる10分で作れるおべんとうや、季節のイベント時にうれしいかわいいおべんとうも盛りだくさん。

- 計量単位は大さじ1＝15mℓ、小さじ1＝5mℓ、1カップ＝200mℓです。
- 「少々」は小さじ1/6未満を、「適量」はちょうどよい量を、「適宜」は好みで必要であれば入れることを示します。
- 材料の分量は子ども1人分で、作りおきおかずは6回分、その他は1回分を基準にしています。
- 塩ゆでするときの塩は、分量外です。
- 電子レンジは600Wを基本としています。500Wの場合は加熱時間を1.2倍にしてください。
- 冷蔵・冷凍の保存期間は目安です。ご家庭での保存状態によっておかずの保存期間も変わります。食べる前に必ずおかずの状態を確認してください。
- 肉、魚介が含まれるおかずは、冷蔵の場合は再加熱してから食べてください。

朝15分で作る
1か月のおべんとう

簡単に作れるコツやデコのポイントを
まじえながら、1か月分のおべんとうを紹介します。
マンネリになりがちな、おべんとうの献立作りも、
毎日おいしく、かわいく、簡単に！

毎日おいしい！ラクラクかわいい！

1か月のおべんとうスケジュール

月～金曜日のおべんとうを4週間分紹介します。これさえあれば毎日の献立の悩みも解消！　作りおきおかずかんたんに作れるおかずを組み合わせて、かわいいおべんとうができちゃいます。

	月曜日	火曜日
1週目	 照り焼きハンバーグべんとう ➡ **P21**	 チキンナゲットべんとう ➡ **P22**
2週目	 にこにこごはんと シュウマイべんとう ➡ **P27**	 3色そぼろごはんべんとう ➡ **P28**
3週目	 ツナとコーンの 炊き込みピラフべんとう ➡ **P33**	 パンダおにぎりべんとう ➡ **P34**
4週目	 フレンチトースト＆ ポップシュリンプべんとう ➡ **P39**	 電車のスティック おにぎりべんとう ➡ **P40**

朝15分で作る 1か月のおべんとう **PART 1**

水曜日	木曜日	金曜日
 ミニバーガーべんとう ➡ **P23**	 ふりかけ一口おにぎりべんとう ➡ **P24**	 ナポリタン＆ えびフライべんとう ➡ **P25**
 ミックスサンドと 白身魚フライべんとう ➡ **P29**	 揚げシュウマイ＆炒飯べんとう ➡ **P30**	 コロッケ＆ おにぎらずべんとう ➡ **P31**
 白身魚のチリソースと ロールサンドべんとう ➡ **P35**	 キンパ風のりまきべんとう ➡ **P36**	 グラタンべんとう ➡ **P37**
 星の一口おにぎりべんとう ➡ **P41**	 バターロールの ミニホットドッグべんとう ➡ **P42**	 ハートのデコいなりべんとう ➡ **P43**

＊分量は年少さん用です。お子さんの発達に合わせてP9を参考に量を調整してください。

1週目 まとめて作りおきおかず

人気おかずを3つ作りおきしておけば、1週間のおべんとう作りがラク！ えびフライは揚げる前の段階で保存し、当日揚げればカラッとおいしい！

ハンバーグ

冷蔵 3日　冷凍 2週間

材料（6回分）
- 合いびき肉 …… 200g
- パン粉 …… 大さじ4
- 玉ねぎ（みじん切り）…… 大さじ2
- トマトケチャップ …… 大さじ2
- 顆粒コンソメスープの素 …… 小さじ½
- 植物油 …… 大さじ½

1 すべての材料を混ぜ、12等分し、小さめの平らな丸形にする。
2 フライパンに植物油を熱し、1の片面を中火でこんがり焼き、ひっくり返し、ふたをして弱火で5分焼く。

チキンナゲット

冷蔵 3日　冷凍 2週間

材料（6回分）
- A｜鶏ささ身 …… 2本
- 　｜パン粉 …… ½カップ
- 　｜マヨネーズ …… 大さじ2
- 　｜顆粒コンソメスープの素 …… 小さじ½
- 天ぷら粉・水 …… 各適量
- 揚げ油 …… 適量

1 Aをフードプロセッサーにかけ、12等分し、小さめの平らな丸形にする。
2 天ぷら粉を袋の表示通りの水で溶き、1をくぐらせ、170℃の揚げ油で2～3分揚げる。

えびフライ

冷蔵 2日　冷凍 2週間

材料（6回分）
- えび …… 12尾
- 片栗粉 …… 適量
- 塩・カレー粉 …… 各少々
- 小麦粉・溶き卵・パン粉 …… 各適量

1 えびは殻と背ワタを取り除き、腹に縦に切り目を入れる。尾のとがった部分をはさみで切り取る。
2 1に片栗粉を多めにまぶしてよく混ぜ、水で洗い、ペーパータオルで水けを拭き取る。
3 2に小麦粉、溶き卵、パン粉を順につけ、下にクッキングシートを敷いて保存する。

このおかずにかえてもOK

鶏つくね ⇒ P56

鶏ささ身のピカタ ⇒ P51

えびカツ ⇒ P62

PART 1 朝15分で作る 1か月のおべんとう

照り焼きハンバーグべんとう

作りおきしておいたハンバーグを調味料とからめれば、あっというまにメインおかずが完成！

枝豆ごはん
キャンディチーズのプリッツピック
一口照り焼きハンバーグ
ゆで野菜
月曜日 1週目

主食 枝豆ごはん

材料

ごはん	子ども用茶わん1杯
塩ゆで枝豆	10〜15粒
白だし	小さじ½

ごはんに枝豆、白だしを混ぜる。

メイン 一口照り焼きハンバーグ 〔作りおき〕

材料

作りおきハンバーグ（P20）	2個
A マーマレード	小さじ1
しょうゆ	小さじ½

耐熱容器に**A**、ハンバーグを入れ、ふんわりとラップをかけ、電子レンジで30〜40秒加熱し、全体をからめる。

らくらくテク 調味料とハンバーグを電子レンジで一緒に温め、からめるだけ。フライパンは使いません。

サブ ゆで野菜

材料

にんじん	3mmスライス1枚
ブロッコリーの茎	3mmスライス2枚
ブロッコリー	1房

1 にんじん、ブロッコリーの茎は好みの型でそれぞれくり抜く。
2 すべての材料を塩ゆでする。

すきま キャンディーチーズのプリッツピック

キャンディーチーズ2個にプレッツェル菓子2cm2本を刺す。

食べやすい工夫 プレッツェル菓子をピック代わりに。丸ごと食べられるから子どもも喜びます。

	スタート▶	5分	10分	15分
ゆで野菜	❶ 野菜を型で抜いてゆでる			詰める
一口照り焼きハンバーグ			❷ ハンバーグとAを温めてからめる	
枝豆ごはん			❸ 枝豆とごはんを混ぜる	
キャンディチーズのプリッツピック			❹ チーズにプレッツェルを刺す	

21

- 揚げアスパラ＆かぼちゃ
- サッカーボールおにぎり
- うずらのピック
- チキンナゲット

火曜日
1週目

チキンナゲット べんとう

市販のサッカーボール形のりで、簡単デコ。うずらの卵に描かれた顔にほっこり♪

主食 サッカーボールおにぎり

材料

ごはん	子ども用茶わん1杯
サッカーボール形のり（市販）	2枚

1 ごはんは2等分し、丸形のおにぎりにする。
2 1にのりを巻きつける。

メイン チキンナゲット　　作りおき

材料

作りおきチキンナゲット（P20）	2個

チキンナゲットを電子レンジで温める。

サブ 揚げアスパラ＆かぼちゃ

材料

グリーンアスパラガス	1本
かぼちゃ	3cm長さ、3mm厚さのスライス3枚
揚げ油	少量
塩	少々

170℃の揚げ油にかぼちゃを入れ、1分したら食べやすい長さに切ったアスパラを加えて30秒同時に揚げる。塩少々をふる。

すきま うずらのピック

うずらの卵（水煮）1個は先のとがった方を少し切り、帽子のピックを刺す。

デコポイント
うずらの顔はのりパンチで。ケチャップでほっぺをつけると、さらにかわいい！

	スタート ▶	5分	10分	15分
揚げアスパラ＆かぼちゃ	❶ 野菜を切って揚げる			詰める
チキンナゲット		❷ 温める		
サッカーボールおにぎり			❸ ごはんをにぎり、のりを巻く	
うずらのピック				❹ うずらに顔を描く

22

朝15分で作る 1か月のおべんとう PART 1

ミニバーガーべんとう

子どもが食べやすい一口サイズのハンバーガー。
作りおきのハンバーグを挟んでラクラク！

水曜日 1週目

- ポテト＆揚げウインナー
- バターロールバーガー
- プチトマト

主食 バターロールバーガー 〔作りおき〕

材料

バターロール（小）	2個
作りおきハンバーグ（P20）	2個
A トマトケチャップ	小さじ2
中濃ソース	小さじ1
サラダ菜	2枚
スライスチーズ	1/2枚

1 耐熱容器に **A**、ハンバーグを入れ、ふんわりとラップをかけ、電子レンジで30秒ほど加熱し、全体をからめる。
2 バターロールを横半分に切り、サラダ菜、1、スライスチーズを挟み、ピックで刺す。

食べやすい工夫：小さいバターロールが、子どもにはちょうどいい大きさ。ピックで刺して固定して。

サブ ポテト＆揚げウインナー

材料

じゃがいも	1/3個
ウインナー	3本
揚げ油	適量

1 じゃがいもは食べやすい太さに切る。ウインナーは横半分に切り、切り口に6等分の切り込みを入れる。
2 ミルクパンに少量の揚げ油を入れて170℃に熱し、じゃがいもを入れ、1分したらウインナーを加えて30秒同時に揚げる。

らくらくテク：ミルクパンで一緒に揚げるときは、時間差で入れて同時に引き上げるのがラク。

すきま プチトマト

1個

	スタート▶	5分	10分	15分
バターロールバーガー	❶ ハンバーグと**A**を温めてからめる		❸ パンに具を挟む	詰める
ポテト＆揚げウインナー		❷ じゃがいもとウインナーを切って揚げる		

23

パプリカといんげんの
ベーコンロール

かまぼこの
くるくる巻き

ふりかけ一口
おにぎり

のりナゲット

木曜日 1週目

ふりかけ一口おにぎり
べんとう

ころんと入ったおにぎりがかわいいおべんとうです。
のりナゲットに挟んだチーズがおいしい！

	スタート▶	5分	10分	15分
ふりかけ 一口おにぎり	① ごはんをにぎり、のりを巻く			詰める
パプリカといんげんのベーコンロール		② 野菜をベーコンで巻く	④ 焼く	
のりナゲット			③ ナゲットをレンジで温めてのりを巻き、焼く	
かまぼこのくるくる巻き				⑤ パスタに刺す

主食 ふりかけ一口おにぎり

材料

ごはん	子ども用茶わん1杯
ふりかけ	小さじ1
のり	7cm幅の細切り6枚

1 ごはんとふりかけを混ぜ、2等分して丸形のおにぎりにする。
2 1にのりを放射状に巻きつける。

メイン のりナゲット　作りおき

材料

作りおきチキンナゲット（P20）	2個
スライスチーズ	適量
のり	適量

1 チキンナゲットは電子レンジで30秒ほど温める。
2 のりはチキンナゲットに合うサイズに切る。スライスチーズはのりよりもひとまわり小さめに切り、のりに重ねる。
3 2のスライスチーズが内側になるよう1に巻き、熱したフライパンでチーズが少し溶けるまで焼く。

サブ パプリカといんげんの　ベーコンロール

材料

パプリカ（赤・黄）	7mm幅スライス各1枚
さやいんげん	1本
ベーコン	1枚
片栗粉	少々
オリーブオイル	小さじ½

1 ベーコンでパプリカ、いんげんを巻き、巻き終わりに片栗粉をつけて固定する。
2 フライパンにオリーブオイルを熱し、1を中弱火で焼く。

らくらくテク

片栗粉をつけて固定すれば、焼いたときに密着し、バラバラにならずにすみます。

すきま かまぼこのくるくる巻き

ピンクのかまぼこ2mm幅スライス2枚を1枚ずつくるくる巻き、適当な長さに切ったパスタを刺す。

デコポイント

くるくる巻いたかまぼこに、ピックの代わりにパスタを刺して、かわいくすきまうめ。

PART 1 朝15分で作る 1か月のおべんとう

🟡主食 ナポリタンショートパスタ

材料

ショートパスタ（早ゆでタイプ）	15g
ベーコン	½枚
ミックスベジタブル	大さじ2
トマトソース	大さじ2～3
塩・こしょう	各適宜

1. 鍋に湯を沸かし、パスタ、ミックスベジタブルをゆで、湯切りする。
2. 1にトマトソースを加え、ベーコンをキッチンバサミで5mm幅に切りながら加える。
3. 2を中火で炒め、塩・こしょうで味をととのえる。

🟣メイン えびフライ　作りおき

材料

作りおきえびフライ（P20）	2尾
揚げ油	適量

揚げ油を170℃に熱し、えびフライを入れ、2～3分揚げる。

🟢サブ ちくわのパプリカ入り

材料

ちくわ	1本
パプリカ（赤）	7mm幅2本
ブロッコリーの茎	7mm角5cm

1. ブロッコリーの茎は塩を加えた湯で1分ゆで、ちくわの穴のサイズに切り、ちくわに詰める。
2. パプリカは2本重ね、1の穴の反対側から詰め、切る。

🔵すきま ゆでブロッコリー

ブロッコリーを1分弱ゆでる。

ミルクパンに湯を沸かし、パスタ、ブロッコリー、ミックスベジタブルを同時にゆでるとラク。

ナポリタン＆
えびフライべんとう

パスタとブロッコリーを同時にゆでてパパッと作れる！
人気のえびフライで子どもも喜ぶおべんとう。

金曜日　1週目

ナポリタンショートパスタ
ゆでブロッコリー
ちくわのパプリカ入り
えびフライ

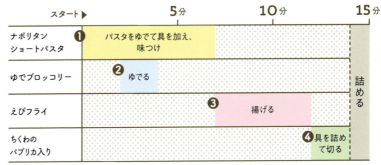

2週目 まとめて作りおきおかず

2週目は4種類のおかずを作りおき。
白身魚のフライは冷めたときに臭みが出ないように
ドライハーブをかけるのがコツ。

シュウマイ

冷蔵 **3**日　冷凍 **2**週間

材料（6回分）

A	豚赤身ひき肉	100g
	卵白	1/2個分
	玉ねぎ（みじん切り）	大さじ2
	片栗粉	大さじ 2/3
	酒	小さじ1
	しょうゆ・ごま油	各小さじ 1/2
	鶏ガラスープ粉末	小さじ 1/3
シュウマイの皮		12枚

1 Aを粘りけが出るまでよく混ぜ、12等分し、シュウマイの皮で包む。
2 1を蒸気の上がった蒸し器に入れ、10分蒸す。

白身魚のフライ

冷蔵 **2**日　冷凍 **2**週間

材料（6回分）

めかじき	2枚
ドライハーブ	少々
塩	小さじ 1/2
小麦粉、溶き卵、パン粉	各適量

1 めかじきは1枚を6等分に切り、2枚重ねにしたキッチンペーパーで包んで余分な水分を取り除く。
2 ドライハーブをかけたら、塩をふり、小麦粉、溶き卵、パン粉をつけ、保存する。

鶏そぼろ
⇨ P56

冷蔵 **4**日　冷凍 **2**週間

マヨ炒り卵
⇨ P66

冷蔵 **2**日　冷凍 **2**週間

このおかずにかえてもOK

鶏ささ身ロール ⇨ P51

たらのベーコン巻き ⇨ P59

牛肉と枝豆のしぐれ煮 ⇨ P55

主食 顔デコごはん

材料

ごはん	子ども用茶わん1杯
ふりかけ(たらこ)	小さじ½
スライスチーズ	¼枚
のり	適量
トマトケチャップ	少々

1 スライスチーズは円形にくり抜く。のりはパンチしたり切ったりし、顔と髪のパーツにする。
2 ごはんにふりかけを混ぜ、おべんとう箱に詰める。
3 2の上に1を飾りつけ、ほっぺ部分にトマトケチャップをつける。

メイン シュウマイ 〔作りおき〕

材料

作りおきシュウマイ(P26)	2個
にんじん・ブロッコリーの茎	各2mm幅1枚

1 にんじん・ブロッコリーの茎は花型でくり抜き、塩ゆでする。
2 シュウマイは電子レンジで40秒～1分加熱し、1をのせる。

サブ 大学いも

材料

さつまいも	⅙本
A みりん	小さじ1
砂糖	小さじ½
しょうゆ	小さじ⅓
黒ごま	少々
揚げ油	大さじ1

1 さつまいもは一口大に切り、水に1分つけ、水けを拭き取る。
2 ミルクパンに揚げ油を熱し、1を2～3分揚げ、余分な油をキッチンペーパーでふき取る。
3 2によく混ぜたAを加えて熱してからめ、黒ごまを加える。

らくらくテク: 小さい鍋に少量の油を熱して揚げるので、揚げ終わったら油をふき取り、そのまま味つけできる。

すきま 飾り切りきゅうり

きゅうりは3cm長さに切り、上下1cm残してジグザグの切り目を1周入れたらポキッと2つに割る。

朝15分で作る 1か月のおべんとう **PART 1**

にこにこごはんと シュウマイべんとう

おべんとう箱を開ければ、にこにこごはんが登場！
子どもも笑顔になれるおべんとうです。

月曜日 ②週目

- 顔デコごはん
- 大学いも
- 飾り切りきゅうり
- シュウマイ

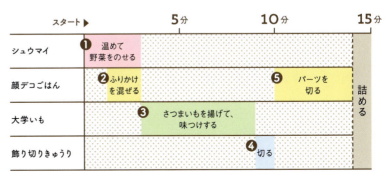

	スタート▶		5分		10分		15分
シュウマイ		❶温めて野菜をのせる					詰める
顔デコごはん		❷ふりかけを混ぜる				❺パーツを切る	
大学いも				❸さつまいもを揚げて、味つけする			
飾り切りきゅうり						❹切る	

27

3色そぼろごはん
花形にんじんの
コンソメゆで
キャンディーチーズと
ハムのピック

火曜日 ❷週目

3色そぼろごはん べんとう

かわいいお花のにんじんを散らして
彩りきれいなおべんとう!

	スタート▶		5分		10分		15分
3色そぼろごはん	❶ そぼろと炒り卵を温める			❸ さやいんげんをゆでる			詰める
花形にんじんのコンソメゆで		❷ 型で抜いてゆでる					
キャンディーチーズとハムのピック						❹ ハムを巻く	

主食 3色そぼろごはん 作りおき

材料

ごはん	子ども用茶わん1杯
作りおき鶏そぼろ (P56)	大さじ1
作りおきマヨ炒り卵 (P66)	大さじ1
さやいんげん	1本
顆粒コンソメスープの素	小さじ⅓
水	100㎖

1 鶏そぼろ、マヨ炒り卵はそれぞれ耐熱容器に入れ、ふんわりとラップをかけ、電子レンジで30秒加熱する。
2 いんげんは斜め切りにし、水、コンソメスープの素を沸かし、ゆでる。
3 ごはんをおべんとう箱に詰め、1、2で飾りつける。

にんじんをゆでる鍋で、さやいんげんも同時にゆでれば調理時間カット。

サブ キャンディーチーズと ハムのピック

材料

キャンディーチーズ	2個
ハム	1枚

1 ハムは半分に切り、細長く三つ折りにする。
2 キャンディーチーズに**1**を巻きつけ、ピックを刺す。

キャンディーチーズにハムを巻きつけてピックで刺せば一品完成!

すきま 花形にんじんの コンソメゆで

1 にんじん5㎜幅スライス4枚は大、小の花型でくり抜く。
2 ミルクパンに水100㎖、顆粒コンソメスープの素小さじ⅓を入れ、**1**をゆでる。

朝15分で作る 1か月のおべんとう　PART 1

ミックスサンドと
白身魚フライべんとう

パクパク食べやすいサンドイッチのおべんとう♪
具をのせる順番でベチャっとするのを防げます。

水曜日　2週目

主食　一口ミックスサンド

材料

サンドイッチ用食パン	3枚
きゅうり	1/4本
ハム	1枚
スライスチーズ	1枚
バター	適量

1 きゅうりは薄くスライスする。パンは、2枚は片面に、1枚は両面に、それぞれバターを塗る。
2 片面にバターを塗ったパン、きゅうり、両面にバターを塗ったパン、スライスチーズ、ハム、片面にバターを塗ったパンの順に重ねる。
3 おべんとう箱のサイズに合わせて **2** を切る。

ハムやチーズの塩できゅうりから水分がでてしまうので、きゅうりだけ別で挟んで。ベチャっとせずに食べられます。

メイン　白身魚のフライ　【作りおき】

材料

作りおき白身魚のフライ（P26）	2個
揚げ油	適量

揚げ油を170℃に熱し、白身魚のフライを入れ、2～3分揚げる。

サブ　フライドポテト＆揚げパプリカ

材料

じゃがいも	1/3個
パプリカ（赤・黄）	1.5cm幅2個
揚げ油	適量
塩	少々

1 じゃがいもはスティック状に切る。
2 170℃の揚げ油に **1** を入れ、1分したらパプリカを加えて30秒同時に揚げ、塩をふる。

白身魚のフライ
フライドポテト＆揚げパプリカ
一口ミックスサンド

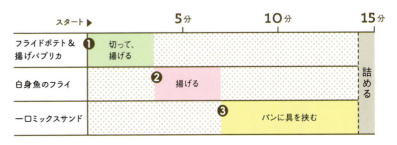

揚げシュウマイ&炒飯べんとう

お花ハムがかわいい、おべんとう。
シュウマイは揚げるだけで、マンネリ解消!

木曜日
2週目

主食 そぼろ炒飯

材料

ごはん	子ども用茶わん1杯
作りおき鶏そぼろ(P56)	大さじ1
ミックスベジタブル	大さじ2
しょうゆ	小さじ1/3
ごま油	小さじ1/2

フライパンにごま油を熱し、その他の材料をすべて入れ、中火で炒める。

メイン 揚げシュウマイ 〔作りおき〕

材料(6回分)

作りおきシュウマイ(P26)	2個
揚げ油	適量

シュウマイを170℃の揚げ油で1〜2分揚げる。

サブ ズッキーニのフリット

材料

ズッキーニ	1/6本
天ぷら粉	大さじ1
カレー粉	小さじ1/4
塩	少々
揚げ油	適量

1 ズッキーニは食べやすい大きさのスティック状に切る。
2 天ぷら粉にカレー粉を混ぜ、袋の表示通りの水で溶き、1をくぐらせる。
3 2を170℃の揚げ油で1分揚げ、塩をふる。

らくらくテク
天ぷら粉にカレー粉を混ぜるだけで、簡単に味に変化がつけられます。

すきま お花ハム

ハム1枚を半分に折り、輪の部分1.5cmに5mm幅の切り目を入れ、端からくるくる巻き、パスタを刺して固定する。

デコポイント
キッチンばさみを使って切れば、細かい切れ目もラクラク。とっても簡単なのに華やかです。

- そぼろ炒飯
- 揚げシュウマイ
- お花ハム
- ズッキーニのフリット

	スタート▶	5分	10分	15分
ズッキーニのフリット	❶ 衣をつけ、揚げる			詰める
揚げシュウマイ		❷ 揚げる		
そぼろ炒飯			❸ 炒める	
お花ハム				❹ 切り込みを入れ、巻く

主食 アスパラとツナのおにぎらず

材料

ごはん	子ども用茶わん1杯
のり（全型の¼サイズ）	2枚
グリーンアスパラガス	2本
ツナ缶	30g
マヨネーズ	小さじ1

1. アスパラはゆで、5等分に切る。
2. ごはんは2等分し、その半量をのりの真ん中にのせ、1、ツナ、マヨネーズ、残りのごはんの順に重ね、中心に向かって折りたたみ、ラップでしっかり形づける。小さいおにぎらずを2個作って半分に切り、ラップをはずす。

＊年少のお子さんは半分に切ったものを3個、年中、年長のお子さんは4個を目安にしましょう。

メイン そぼろで揚げ焼きコロッケ　[作りおき]

材料

乾燥マッシュポテト（戻した物）	60g
作りおき鶏そぼろ（P56）	小さじ2
かに風味かまぼこ（赤い部分）	適量
小麦粉、溶き卵、パン粉	各適量
揚げ油	少量

1. マッシュポテトに鶏そぼろを混ぜ、丸める。
2. 1に小麦粉、溶き卵、パン粉をつけ、少量の油で揚げ焼きにする。
3. 赤い部分をはがし、星形にくり抜いたかに風味かまぼこを2にのせる。

サブ かにかま入り厚焼き卵

材料

かに風味かまぼこ	1本
卵	1個
マヨネーズ	大さじ½
植物油	小さじ½

1. 卵とマヨネーズをよく混ぜる。
2. フライパンに植物油を中火で熱し、1を半量入れ、かに風味かまぼこを奥にのせ、奥から手前へと巻き、残りの1を流し入れて巻く。
3. 2を取り出し、巻きすで巻き、形を整える。

すきま きゅうりと魚肉ソーセージのくるくる巻き

魚肉ソーセージをきゅうりの幅に切り、きゅうりの薄い縦スライス1枚をくるくる巻き、ピックで刺す。

朝15分で作る　1か月のおべんとう　**PART 1**

- かにかま入り厚焼き卵
- きゅうりと魚肉ソーセージのくるくる巻き
- アスパラとツナのおにぎらず
- そぼろで揚げ焼きコロッケ

金曜日　2週目

コロッケ＆おにぎらずべんとう

市販の材料を上手につかえば、朝でもラクに作れるコロッケのおべんとう♪

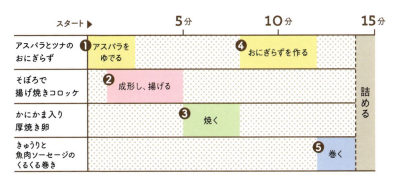

31

3週目 まとめて作りおきおかず

3週目は肉、魚、卵で作りおき。
金曜日は甘酢豚とマヨ炒り卵の2個の
作りおきおかずを組み合わせて一品完成！

白身魚のフリット

冷蔵 **2**日　冷凍 **2**週間

材料（6回分）
- 白身魚（たらなど）……………2枚
- ドライハーブ……………………少々
- 塩…………………………小さじ½
- 天ぷら粉………………………大さじ2
- 揚げ油……………………………適量

1 白身魚は1枚を6等分に切り、2枚重ねにしたキッチンペーパーで包んで余分な水分を取り除く。
2 1にドライハーブ、塩をなじませ、天ぷら粉（分量外）を薄くまぶす。
3 天ぷら粉は袋の表示通りの水で溶き、2をくぐらせる。
4 3を170℃の揚げ油で1～2分揚げる。

甘酢豚
⇨ P53

冷蔵 **2**日　冷凍 **2**週間

マヨ炒り卵
⇨ P66

冷蔵 **2**日　冷凍 **2**週間

MEMO

**まとめて作りおきした
おかずは
朝食や夕食の一品にも**

おべんとうで使い切らない作りおきおかずは、朝食や夕食のおかずにしてムダなく食べ切りましょう。1品ずつ出しても、数種類の作りおきおかずを盛り合わせてワンプレートごはんにしても◎。

このおかずにかえてもOK

サーモンのムニエル
⇨ P58

ハヤシ風トマトケチャップ炒め
⇨ P54

やわらかレンチンたらの甘酢和え
⇨ P59

朝15分で作る 1か月のおべんとう **PART 1**

ツナとコーンの炊き込みピラフべんとう

コーンが入った味つきごはんは子どもに大人気！
メインは白身魚でふわふわフリットを。

主食 ツナとコーンの炊き込みピラフ 〈前日にセット〉

材料（2合分）

コーン	100g
ツナ缶	1缶(小)
玉ねぎ	¼個
白だし	大さじ½
米	2合
ローリエ	1枚
バター	大さじ1
パセリ（みじん切り）	少々

1 玉ねぎはみじん切りにする。ツナの油はしっかり切る。米はといでおく。
2 炊飯器の内釜に米、目盛りより少なめの水を入れ、バターとパセリ以外の材料をすべて入れ、炊く。
3 炊きあがったらバターを混ぜ、ローリエを取り除き、パセリを散らす。

メイン 白身魚のフリット 〈作りおき〉

材料

作りおき白身魚のフリット（P32）	2個

白身魚のフリットを電子レンジで温める。

サブ いんげんとウインナーのしょうゆ炒め

材料

さやいんげん	2本
ウインナー	1本
しょうゆ	小さじ⅓
白炒りごま	小さじ½
ごま油	小さじ½

1 いんげんは3cmの長さに切る。ソーセージは斜め薄切りにする。
2 フライパンにごま油を熱し、1を中火で炒め、しょうゆ、白炒りごまを加える。

すきま プチトマト
1個

月曜日 **3週目**

33

アスパラとパプリカの
チーズ和え

ウサギのうずら

パンダおにぎり

甘酢豚

火曜日
❸週目

パンダおにぎり
べんとう

かわいいパンダおにぎりとウサギのうずら。
動物園みたいで楽しいおべんとうに。

主食 パンダおにぎり

材料
ごはん……………………子ども用茶わん1杯
のり…………………………………………適量

1 のりはパンチし、パンダのパーツにする。
2 ごはんは2等分し、パンダ型でおにぎりにし、1で飾りつける。

メイン 甘酢豚　作りおき

材料
作りおき甘酢豚の豚肉（P53）………………2個
甘酢豚をレンジで温める。

サブ アスパラとパプリカの
チーズ和え

材料
グリーンアスパラガス………………………1本
パプリカ（赤）……………………1cm幅2本
粉チーズ………………………………小さじ1

1 アスパラガスは4等分に切る。
2 1、パプリカを塩ゆでする。
3 2が熱いうちに粉チーズをからめる。

  具材が熱いうちに粉チーズや調味料をかけると、味がよくしみます。

すきま ウサギのうずら

にんじん2mm厚さスライス1枚は塩ゆでし、ハート型でくり抜く。うずらの卵1個に、にんじんとパンチしたのりで飾りつけ、ほっぺをケチャップでつける。

	スタート▶	5分	10分	15分
甘酢豚	❶温める			詰める
アスパラとパプリカのチーズ和え		❷野菜を切ってゆで、からめる		
ウサギのうずら		❸ゆでてくり抜く		❺飾る
パンダおにぎり			❹パーツを作り、飾る	

朝15分で作る 1か月のおべんとう **PART 1**

白身魚のチリソースと
ロールサンドべんとう

作りおきの白身魚のフリットで簡単メインおかず！
ロールサンドでかわいく食べやすく。

水曜日 ❸週目

白身魚のチリソース
ポテトサラダ
ロールサンド
お魚ソーセージのフランクフルト風

主食 ロールサンド

材料

サンドイッチ用食パン	2枚
スライスチーズ	1枚
ハム	1枚
ゆでグリーンアスパラガス	½本
パプリカ	1cm幅1本
バター	適量

1 スライスチーズ、ハムは半分に切る。
2 食パンにバターを塗り、1をのせる。
3 2の片方にはアスパラガスをのせ、もう片方にはパプリカをのせ、それぞれくるくる巻き、半分に切る。

ラップでくるみ、両端をキャンディー状にひねってしばらくおけば形が安定します。

メイン 白身魚のチリソース 〔作りおき〕

材料

作りおき白身魚のフリット（P32）	2切れ
A トマトケチャップ	小さじ1
スイートチリソース	小さじ½

1 白身魚のフリットはグリルで温める。
2 耐熱容器にAを入れ、電子レンジで10〜20秒加熱し、1をからめる。

サブ ポテトサラダ

材料

A 乾燥マッシュポテト（袋の表示通りに戻したもの）	30g
ハム（粗みじん切り）	⅙枚
ミックスベジタブル	大さじ1
マヨネーズ	大さじ½
サラダ菜	1枚

混ぜ合わせたAを電子レンジで1分温め、マヨネーズを加え、混ぜる。サラダ菜とともに盛りつける。

すきま お魚ソーセージの
　　　フランクフルト風

材料

魚肉ソーセージ	2cmを半分
プレッツェル菓子	適量

縦半分に切った魚肉ソーセージにプレッツェル菓子を刺す。

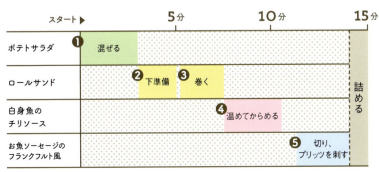

	スタート▶	5分	10分	15分
ポテトサラダ	❶混ぜる			詰める
ロールサンド		❷下準備 ❸巻く		
白身魚のチリソース			❹温めてからめる	
お魚ソーセージのフランクフルト風			❺切り、プリッツを刺す	

35

キンパ風のりまきべんとう

具がたっぷり入ったキンパは見た目が豪華。
デコウインナーで楽しさをプラス！

木曜日 3週目

- かぼちゃのチーズボール
- たことかにのウインナー
- キンパ風のりまき

主食 キンパ風のりまき

材料

にんじん	7mm幅×8cm 1本
チャーシュー（市販）	1cm幅スライス1枚
きゅうり	8cm長さ¼本
作りおきマヨ炒り卵（P66）	大さじ1
のり（全型の½サイズ）	1枚
ごはん	子ども用茶わん1杯

1 にんじんはゆでる。チャーシューは1cm幅に切る。
2 のりにごはんを広げ、1、きゅうり、マヨ炒り卵をのせて巻く。

らくらくテク
具が多いときは、巻きすを使うと巻きやすくなります。巻き終わりのごはんは少なめに。

サブ かぼちゃのチーズボール

材料

かぼちゃ	20g
クリームチーズ	小さじ1
レーズン	2粒
プレッツェル菓子	適量

1 かぼちゃは電子レンジで1分加熱し、そのまま1分おく。
2 1にクリームチーズ、レーズンを混ぜ、5分ほどかたくなるまで冷蔵庫で冷やす。
3 2をラップを使って丸め、プレッツェル菓子を刺す。

らくらくテク
かぼちゃのチーズボールを丸めるときは、ラップを使うと手を汚さずにきれいにできます。

サブ たことかにのウインナー

材料

ウインナー	2本
のり	適量

1 ウインナーは1本は半分に切り、その断面を8等分する切り込みを1.5cmの深さまで入れ、たこの足にする。もう1本は両端に3本ずつ2cmの切り込みを入れて、かにの足にする。
2 1をゆで、パンチしたのりで飾りつける。

	スタート	5分	10分	15分
かぼちゃのチーズボール	①かぼちゃはレンジ加熱	③材料をまぜる ④成形する		詰める
たことかにのウインナー		②ゆでる		⑦飾る
キンパ風のりまき			⑤材料の下ごしらえ ⑥のりで巻く	

PART 1 朝15分で作る 1か月のおべんとう

主食 グラタン

材料

マカロニ（早ゆでタイプ）	10g
ウインナー	2本
ホワイトソース（市販）	大さじ2
コーン	大さじ1
ピザ用チーズ	大さじ1
パン粉	少々
パセリ（みじん切り）	少々

1 ウインナーは輪切りにする。
2 鍋に湯を沸かし、マカロニをゆで、ゆであがる1分前に1を加えて一緒にゆで、湯切りする。
3 ボウルに2、ホワイトソース、コーンを入れてよく和える。
4 おべんとう箱の形に合わせたアルミカップに3を入れ、チーズ、パン粉をかけ、トースターで1〜2分焼く。
5 4にパセリを散らす。

メイン 甘酢豚の炒り卵和え 【作りおき】

材料（6回分）

作りおき甘酢豚（P53）	1回分
作りおきマヨ炒り卵（P66）	1回分

耐熱ボウルにすべての材料を入れ、ラップをかけて電子レンジで30秒〜1分加熱する。

サブ ピーマンのコンビーフ炒め

材料

ピーマン	1/2個
コンビーフ	大さじ1
しょうゆ	小さじ1/3
オリーブオイル	小さじ1/2

フライパンにオリーブオイルを熱し、コンビーフを中火で炒め、ピーマンを加え炒め、しょうゆを加える。

すきま お魚ソーセージときゅうりのピック

1cmの半月切りにしたきゅうりに1cmの輪切りにした魚肉ソーセージをのせ、ピックを刺す。パンチしたのりで飾りつけ、ほっぺ部分にケチャップをつける。

金曜日 ③週目

グラタンべんとう

市販のホワイトソースを使えば、グラタンも簡単！
お魚ソーセージはかわいくアレンジ。

4週目 まとめて作りおきおかず

4週目は魚介と肉で3種類のおかずを作りおき。
そのまま詰めるだけでも、
アレンジして味を変えてもOK！

ポップシュリンプ

冷蔵 **2**日　冷凍 **2**週間

材料（6回分）

むきえび（小）	20～24尾
顆粒コンソメスープの素	小さじ1
薄力粉	大さじ1
A ┌ 薄力粉	大さじ3
└ 溶き卵	大さじ3～4
細びきパン粉	適量
揚げ油	適量

1 えびは片栗粉（分量外）で洗い、水けをしっかりと拭き取り、顆粒コンソメスープの素と薄力粉をまぶす。
2 Aをよく混ぜ、1をからめ、細びきパン粉をつけ、冷蔵庫で30分ほど寝かせる。
3 2を軽く握って衣を落ち着かせ、170℃の揚げ油で1～2分揚げる。

皮なしからあげ
⇨ P51

冷蔵 **3**日　冷凍 **2**週間

めかじきのトマトソース
⇨ P60

冷蔵 **3**日　冷凍 **2**週間

このおかずにかえてもOK

鶏の照り焼き ⇨ P50

まぐろのバーベキューステーキ ⇨ P61

いかのフリッター ⇨ P62

朝15分で作る 1か月のおべんとう　PART 1

フレンチトースト＆ポップシュリンプべんとう

子どもたちに人気のふわふわのフレンチトーストをメインに。
パスタと野菜を一緒にゆでると時短に。

主食 フレンチトースト

材料

食パン（6枚切り）	½枚
卵	½個
牛乳	大さじ2
砂糖	小さじ1
バニラエッセンス	少々

1 食パンは3等分に切る。
2 食パン以外の材料を混ぜ、1を浸し、網にのせて余分な卵液を落とす。
3 トースターまたはグリルで2を2〜3分焼く。

卵液に浸した食パンを網にのせると、簡単に余分な卵液を除くことができます。

メイン ポップシュリンプ 〔作りおき〕

材料

作りおきポップシュリンプ（P38）………1回分

ポップシュリンプを電子レンジで温める。

サブ カラフルマカロニサラダ

材料

カラフルマカロニ（早ゆでタイプ）	5g
ハム	¼枚
玉ねぎ（みじん切り）	小さじ1
マヨネーズ	大さじ½

1 ハムは1cm角に切る。
2 マカロニをゆで、水けをきり、熱いうちにすべての材料を混ぜ合わせる。

すきま ゆでブロッコリー

ブロッコリー1房を1分弱塩ゆでする。マカロニがゆであがる1分前になったら、ブロッコリーを加えて一緒にゆでるとラク。

月曜日　4週目

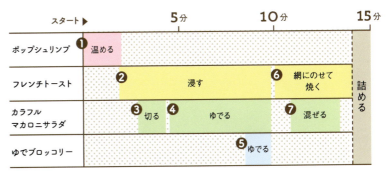

39

- ロールおひたし
- 電車のスティックおにぎり
- 枝豆ピック
- 皮なしからあげの甘辛

火曜日 ④週目

電車のスティックおにぎりべんとう

食べやすくて便利なスティックおにぎり。
かわいい電車に子どもも喜ぶ♪

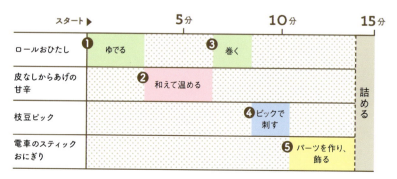

主食 電車のスティックおにぎり

材料

ごはん	子ども用茶わん1杯
きゅうり	15cm長さの縦スライス1枚
にんじん	2mm輪切り2枚
ハム	½枚

1 きゅうりは4等分に切って車体のパーツにする。にんじんは窓の形に切る。ハムは丸型でくり抜き、車輪のパーツにする。
2 ごはんは2等分し、ラップを使って細長く形作る。
3 2を1で飾りつけ、ラップで包む。

デコポイント
細かいパーツを貼りつけるときは、竹串2本を箸のように使うとやりやすい。

メイン 皮なしからあげの甘辛 （作りおき）

材料

作りおき皮なしからあげ（P51）	3個
A みりん	小さじ½
しょうゆ・砂糖	各小さじ⅓
しょうが（すりおろし）	少々

耐熱容器にAを入れてよく混ぜ、皮なしからあげを加えて和え、電子レンジで30秒～1分加熱する。

サブ ロールおひたし

材料（作りやすい分量）

キャベツ	大1枚
ほうれん草	½株
魚肉ソーセージ	15cm長さ½本

1 キャベツ、ほうれん草はゆでる。
2 巻きすに1のキャベツを広げ、1のほうれん草、魚肉ソーセージをのせ、巻く。
3 巻きすで絞りながら水分をきり、輪切りにする。

すきま 枝豆ピック

ゆで枝豆8粒を4粒ずつピックで刺す。

PART 1 朝15分で作る 1か月のおべんとう

🍙 主食 一口デコおにぎり

材料
- ごはん……………………子ども用茶わん1杯
- ハム……………………………………¼枚
- スライスチーズ…………………………¼枚

1 ごはんは3等分し、丸形のおにぎりにする。
2 ハム、スライスチーズは星型でくり抜き、1に飾りつける。

メイン めかじきの和風トマト 〈作りおき〉

材料
- 作りおきめかじきのトマトソース（P60）……2切れ
- めんつゆ………………………………小さじ½

耐熱容器にすべての材料を入れ、ふんわりとラップをかけ、電子レンジで30〜40秒加熱し、全体をからめる。

サブ しらすの厚焼き卵

材料
- 卵………………………………………1個
- A｜しらす…………………………大さじ1
- ｜万能ねぎ（小口切り）……………½本分
- ｜ごま油…………………………小さじ⅓
- みりん……………………………大さじ⅔

1 耐熱容器に A を入れてよく混ぜ、ふんわりとラップをかけて電子レンジで20〜30秒加熱する。
2 別の耐熱容器にみりんを入れ、ふんわりとラップをかけて電子レンジで沸騰させ、卵を加え、混ぜる。
3 テフロン加工のフライパンを中火で熱し、2 に 1 を巻き込みながら厚焼き卵にする。
4 3 を巻きすで巻き、形を整える。

サブ かぶの浅漬け

材料
- かぶ……………………………………½個
- 白だし………………………………小さじ1

1 かぶは縦半分に切り、ビニール袋にすべての材料を入れて袋の口を閉じ、15分漬ける。
2 1 をキッチンペーパーでおさえ、余分な水けを取る。

星の一口おにぎり べんとう

星型で抜いたハムとチーズをのせるだけで かわいい一口おにぎりに大変身！

水曜日 4週目

- めかじきの和風トマト
- かぶの浅漬け
- しらすの厚焼き卵
- 一口デコおにぎり

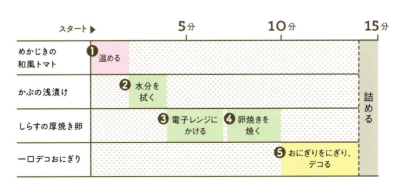

	スタート ▶	5分	10分	15分
めかじきの和風トマト	❶温める			詰める
かぶの浅漬け		❷水分を拭く		
しらすの厚焼き卵			❸電子レンジにかける ❹卵焼きを焼く	
一口デコおにぎり				❺おにぎりをにぎり、デコ

バターロールの
ミニホットドッグべんとう

手軽に作れておいしいホットドック。
作りおきのアレンジとすぐに作れる卵サラダで簡単！

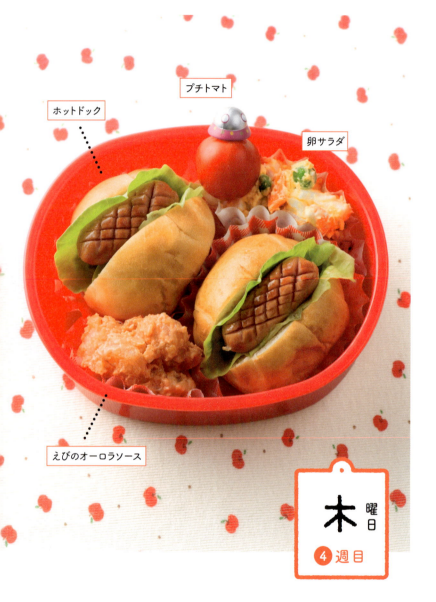

ホットドック
プチトマト
卵サラダ
えびのオーロラソース

木曜日 ❹週目

主食 ホットドック

材料

バターロール（小）	2個
ウインナー	2本
バター	少々
サラダ菜	2枚

1 ウインナーは格子状の切り目を入れ、フライパンで焼く。
2 バターロールは上に切り込みを入れてバターをぬり、サラダ菜、**1**を挟む。

メイン えびのオーロラソース 〔作りおき〕

材料

作りおきポップシュリンプ（P38）	2～3個
A トマトケチャップ	小さじ½
マヨネーズ	小さじ½

ポップシュリンプはトースターで温め、よく混ぜた**A**にからめる。

サブ 卵サラダ

材料

卵	1個
ミックスベジタブル	大さじ1
ハム（5mm角）	½枚分
マヨネーズ	大さじ½

卵は8分ゆでて殻をむいてつぶし、すべての材料を混ぜ合わせる。

らくらくテク 黄身と白身を分けなくても、細かく刻まなくてもOK！スプーンでざっくりつぶして。

すきま プチトマト
1個

	スタート▶	5分	10分	15分
卵サラダ	❶ 卵をゆでる		❺ 混ぜる	詰める
バターロールのホットドック	❷ ウインナーを焼く		❻ 挟む	
えびのオーロラソース		❸ 温める	❹ からめる	

42

朝15分で作る 1か月のおべんとう　PART 1

主食 一口デコいなり

材料

油揚げ（いなり寿司用）	1枚
ごはん	子ども用茶わん1杯
卵	1個
塩・片栗粉	各少々
きゅうり	2mm輪切りスライス
ハム	¼枚

1 卵は割りほぐし、塩、片栗粉を混ぜ合わせ、熱したフライパンに広げて両面を焼く。粗熱を取って1/2枚分は細切りにする。残りはサブおかずで使う。
2 ごはんは2等分し、油揚げに詰め、錦糸卵をのせる。
3 きゅうり、ハムはハート型でくり抜き、**2**にのせる。

メイン からあげのトマトケチャップ炒め風

材料

作りおき皮なしからあげ（P51）	2個
A ┃ トマトケチャップ・めんつゆ	各小さじ½

耐熱ボウルに混ぜ合わせた**A**、皮なしからあげを入れ、ふんわりとラップをかけ、電子レンジで30秒〜1分加熱し、全体をからめる。

サブ ピーマンとじゃがいものきんぴら

材料

ピーマン	½個
じゃがいも	¼個
白だし	小さじ⅓
しょうが	少々
ごま油	小さじ1

1 ピーマン、じゃがいもはせん切りにする。
2 フライパンにごま油を熱し、**1**を中火で炒め、白だし、しょうがで味をととのえる。

サブ 卵のボンボン

いなりで作った薄焼き卵を半分に折り、折り目側1.5cmに5mm幅の切り目を入れ、端からくるくる巻き、パスタで刺して固定する（詳細はP95）。

からあげの
トマトケチャップ炒め風

一口デコいなり

ピーマンとじゃがいもの
きんぴら

卵のボンボン

ハートのデコいなりべんとう

金曜日 4週目

かわいいデコいなりと卵のボンボンではなやかに。
おかずにはピックを刺して、食べやすい工夫を。

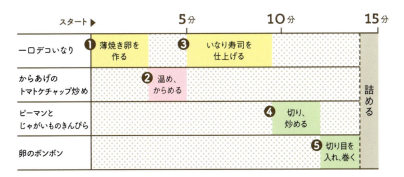

43

おべんとうが一気にかわいくなる！

おにぎり&デコごはん

おべんとう箱を開けると、かわいいおにぎりやごはんが
パッと目に入って、子どもが大喜び！
ふりかけの素やのりパンチを使えば簡単に作れます。

1 ライオンおにぎり
材料と作り方
ごはんにカレーふりかけを混ぜて直径2cmくらいの丸いおにぎりを作る。薄焼き卵を縦6cm×横20cmくらいの長方形に切り、横半分に折る。端を1.5cmほど残すように、輪になっている方にキッチンばさみで5mm幅に切り込みを入れ、おにぎりにぐるっと巻く。のりパンチでのりの顔パーツを作り、飾る。

2 みつばちおにぎり
材料と作り方
ごはんにカレーふりかけを混ぜて俵型のおにぎりを作る。薄焼き卵をおにぎりの2/3を包めるように長方形に切って包む。細く切ったのり3本を巻き、小さなハートにくり抜いたスライスハムをのせる。のりパンチでのりの顔パーツを作り、飾る。

3 水玉おにぎり
材料と作り方
俵型のおにぎりを作る。スライスチーズとハムをおにぎりに巻ける長さで同じサイズに切る。ハムは水玉になるようストローで丸くくり抜く。チーズの上にハムをのせ、おにぎりに巻く。

4 にっこりおにぎり
材料と作り方
丸いおにぎりを作る。薄焼き卵を作り、キッチンばさみで髪の形に切る。のりパンチでのりの顔パーツを作り、飾る。トマトケチャップでほほを赤くする。

5 手まりおにぎり
材料と作り方
ごはんにたらこふりかけを混ぜ、丸いおにぎりを作る。5mm幅に切ったのり3本を対角線状に巻く。きゅうりをクローバー型でくり抜き、のせる。

6

お花畑ごはん

材料と作り方

ごはんに青菜ふりかけを混ぜておべんとう箱に詰める。ハム、スライスチーズ、薄焼き卵を花型と小さい丸型でくり抜きし、お花にしてごはんにのせる。きゅうりをクローバー型でくり抜き、散らす。

7

お友達ごはん

材料と作り方

ごはんをおべんとう箱に詰める。薄焼き卵を丸型でくり抜き、髪の毛の形に切ったのりをのせる。のりパンチでのりの顔パーツを作って飾り、トマトケチャップでほおを赤くする。小さい三角型でハムときゅうりをくり抜き、散らす。

9

ハートオムライス

材料と作り方

チキンライスをおべんとう箱に詰める。薄焼き卵をおべんとう箱より一回り大きめに切り、中央をハート型で3か所くり抜き、チキンライスにのせて端を押し込むようにおべんとう箱に入れ込む。同じハート型でハムをくり抜きし、小さいハート型できゅうりをくり抜きして、飾る。

10

電車ごはん

材料と作り方

ごはんに青菜ふりかけを混ぜておべんとう箱に詰める。薄焼き卵を長方形に切って列車にし、ごはんにのせる。きゅうりは小さな長方形に切って窓にし、ゆでにんじんは小さな丸型でくり抜いて車輪にし、飾る。細く切ったのりで線路を作る。

8

くまちゃんごはん

材料と作り方

ごはんをおべんとう箱に詰め、そぼろを全体にのせる。薄焼き卵を切ってくまの耳、目、口周りを作り、のせる。のりを切って目、鼻を飾り、小さい丸型でくり抜いたハムをほほにつける。

かわいい飾り切りテク 1

おべんとうの定番食材のウインナー。切り方を変えるだけでこんなにバリエーションが広がるから、毎日使っても、違う印象に！

ウインナー

1 ハートウインナー

赤いウインナーをゆで、斜めに切り、切り口を逆に合わせ、乾燥パスタを刺して固定する。

2 野菜のせお花ウインナー

ウインナーの両端を切り落とし、横半分に切り、片側の切り口に6等分の切り込みを入れ、ゆでる。真ん中に小さく切ったゆでにんじんをのせる。

3 お花ウインナー

ウインナーの両端を切り落とし、横半分に切り、片側の切り口の中央にストローで丸い切り口を入れる。周り6ヵ所に切れ目を入れ、ゆでる。

4 大きなお花ウインナー

ウインナーを7mm幅に6枚切り、輪になるようにフライパンに並べ、うずらの卵を中心に割り入れて焼く。

5 かにさんウインナー

赤いウインナーを縦半分に切り、真ん中1cm強残すように両端から切れ目を3本入れ、ゆでる。のりパンチでのりの顔パーツを作り、飾る。

6 うさちゃんウインナー

縦半分に切ったウインナーを横半分に切り、切り口をV字に切り、V字の部分が外側になるように重ね、乾燥パスタで固定する。のりパンチでのりの顔パーツを作り、飾る。

7 たこさんウインナー

赤いウインナーを横半分に切り、切り口に6等分の切り込みを入れ、ゆでる。のりパンチでのりの顔パーツを作り、飾る。

8 くまさんウインナー

ウインナーを横半分に切り、さらに切り口を1mmの幅輪切りに1枚切る。切り口の逆側に切り目を入れ、輪切りにしたウインナーを半分に切って差し込み、耳にする。スライスチーズで小さな半円を作ってのせ、のりパンチでのりの顔パーツを作り、飾る。

PART 2

朝ラクチン！
作りおきおかず

毎朝すべてのおかずを一から作るのは大変。
作りおきおかずを作っておけば、忙しい朝に大活躍！
アレンジおかずも紹介しているから、
バリエーションが広がり、飽きずに食べられます。

| おさえておきたい |

作りおきおかずの基本

週末におかずをまとめて作りおきする際に、長持ちさせるポイントをおさえましょう。
調理や保存、おべんとう箱に詰めるときの基本を紹介します。

保存性を高める調理のコツ

しょうがや酢、ハーブやスパイスなどを使用して長持ちさせる

しょうがや酢、ハーブ、スパイスなど、殺菌作用のある食材や調味料を使うことで、保存性を高めることができます。例えば、肉にしょうがじょうゆをもみ込んだり、白身魚にハーブ、スパイスをふるなどして調理すれば、長持ちする作りおきおかずを作ることができます。

> しょうがには殺菌作用があるので、下味や味つけに

> ドライハーブをふって殺菌作用を高め、臭み消しに

> 肉や魚は、ペーパータオルでおさえてよく水分を取って

> ビニール袋に入れてもみ込んで下味をしっかりつける

水分をよくふき取り、下味をしっかりつける

食品が傷む原因はさまざまですが、そのひとつに食品から出る余分な水分があげられます。下ごしらえをするときに、肉や魚の水分をペーパータオルでよくふき取ること。また、塩やしょうゆ、酒などで下味をしっかりつけることでも保存性が高まります。ただし、長く保存すると塩辛くなるので注意して。

正しい冷蔵・冷凍保存のコツ

粗熱をよく取ってから冷蔵・冷凍保存を

作りおきおかずを作ったら、バットや保存容器に移し、必ず粗熱を取りましょう。粗熱を取らないまま保存容器に入れてふたをすると、保存容器内の湿度が高くなり、水滴がふたにつき、傷みやすくなります。

> バットの下に保冷剤を入れると早く粗熱がとれます

> かわいいシリコンカップなら、おべんとうに詰めるだけ！

シリコンカップにあらかじめ小分けにしておく

おかずの粗熱が取れたら、1回分ずつ小分けして冷蔵・冷凍保存がおすすめ。おべんとうにもそのまま詰めるだけだから手軽です。シリコンカップならそのまま電子レンジ加熱もOKなので便利。

フライの作りおきは揚げずに冷凍保存

揚げずに衣をつけた状態で下にクッキングシートを敷き、冷凍用保存袋に入れて冷凍するのがおすすめです。朝、小鍋に揚げ油を熱して、凍ったまま入れて揚げるだけで、できたてのおいしいおかずの完成です。

> パン粉をつけるときは、食材の水分をよく取って

 ## おべんとう箱に詰めるときは

一度火を通して詰めること。味変えしてアレンジも

作りおきおかずは、傷みにくくするために、おべんとうに詰める前に一度電子レンジなどで加熱して。粗熱を取ってからおべんとうに詰めて。ケチャップなどで味変えするのもおすすめ。

鶏肉

くせのない味わいで、料理のアレンジがしやすい鶏肉。良質なたんぱく質が豊富なうえ、やわらかく消化しやすいので、おべんとうに積極的に取り入れたい食材です。

鶏の照り焼き

子どもが喜ぶ甘めの味つけで、パクパク食べられる！ごはんにも、パンにも合う便利なおかず。

冷蔵 3日
冷凍 2週間

甘辛味

材料（6回分）

鶏もも肉	1枚（250g）
A　しょうが（スライス）	2枚
しょうゆ・みりん	各大さじ1
酒	大さじ½
砂糖	小さじ1
長ねぎの青いところ	少々
水	50mℓ

1 鶏肉は余分な脂を取り除き、一口大に切り、2枚重ねにしたペーパータオルで包んで余分な水分を取り除く。
2 鍋に1、A、水を入れ、落としぶたをし、ふたをして片面を中弱火で2分加熱し、ひっくり返して2分煮る。
3 2は水分を飛ばすように煮詰め、長ねぎとしょうがを取り除く。

鶏の照り焼きのアレンジおかず

アレンジ1

調味料をからめてレンジでチンするだけ
鶏の照り焼きとパプリカのレンジ炒め

材料と作り方（1回分）
1 鶏の照り焼き1回分を半分に切る。パプリカ（赤・黄）各⅛個は1.5cm角くらいの乱切りにする。
2 耐熱ボウルに1、スイートチリソース大さじ1、しょうゆ小さじ½を入れてよくからめ、ふんわりとラップをかけて電子レンジで1分加熱する。

アレンジ2

やわらかい食感でやさしい味♪
親子煮

材料と作り方（1回分）
1 鍋に鶏の照り焼き1回分、長ねぎ（みじん切り）大さじ1、しょうゆ・みりん各小さじ1を入れ中火で軽く煮詰め、溶き卵½個分を加えて火を通す。

アレンジ3

パンと一緒にパクパク食べられる
テリヤキバーガー

材料と作り方（1回分）
1 鶏の照り焼き1回分にトマトケチャップ少々をからめ、電子レンジで30秒ほど温める。
2 バターロール1個を横半分に切り、バター適量を塗って、サラダ菜1枚、きゅうり（スライス）3枚、1の順に挟み、トマトケチャップ適量をかける。

PART 2 朝ラクチン！作りおきおかず

かみにくい皮を取り除けば残さず食べられる
皮なしからあげ

 冷蔵 3日
冷凍 2週間

材料（6回分）
鶏もも肉……………1枚（250g）
塩・こしょう…………各適量
A｜しょうが（すりおろし）…小さじ1
　｜しょうゆ……………大さじ½
　｜みりん………………大さじ½
小麦粉………………大さじ⅔
片栗粉………………大さじ1
揚げ油………………適量

1 鶏肉は皮と余分な脂を取り除き、一口大に切って隠し包丁を入れ、2枚重ねにしたペーパータオルで包んで余分な水分を取り除く。
2 1に塩、こしょうをもみ込み、Aを加えてさらにもみ込み、小麦粉をまぶし、片栗粉をまぶす。
3 2を170℃の揚げ油で2〜3分揚げる。

しょうゆ味

彩りきれいでかわいいおかず
鶏ささ身ロール

 冷蔵 3日
冷凍 2週間

材料（6回分）
鶏ささ身……………3本（150g）
さやいんげん………3本
にんじん……………½本
ベーコン……………2枚
塩……………………小さじ½
ドライバジル………少々

1 鶏ささ身は横半分に薄く開き、ペーパータオルで包んで余分な水分を取り除く。
2 いんげんは半分に切り、にんじんはいんげんと長さを合わせるように6本に切る。ベーコンは3等分する。
3 1の開いた面に塩、ドライバジルをふり、広げたラップにのせ、2をきつめに巻き、ラップの端をキャンディー包みにする。
4 3を耐熱皿にのせ、電子レンジで2分加熱し、ひっくり返してさらに1分加熱し、そのまま2分おく。4等分に切って切り口をきれいに見せる。

塩味

カレー味でとまらないおいしさ！
鶏ささ身のピカタ

 冷蔵 2日
冷凍 2週間

材料（6回分）
鶏ささ身……………3本（150g）
塩……………………小さじ½
カレー粉……………小さじ½
小麦粉………………大さじ2
溶き卵………………½個分
オリーブオイル……小さじ1

1 鶏ささ身はペーパータオルで包んで余分な水分を取り除き、4等分にそぎ切りする。
2 1に塩、カレー粉をなじませ、小麦粉を薄くまぶし、溶き卵にくぐらせる。
3 フライパンにオリーブオイルを熱し、2の片面を中火で焼き、ひっくり返し、ふたをして弱火で2分焼く。

カレー味

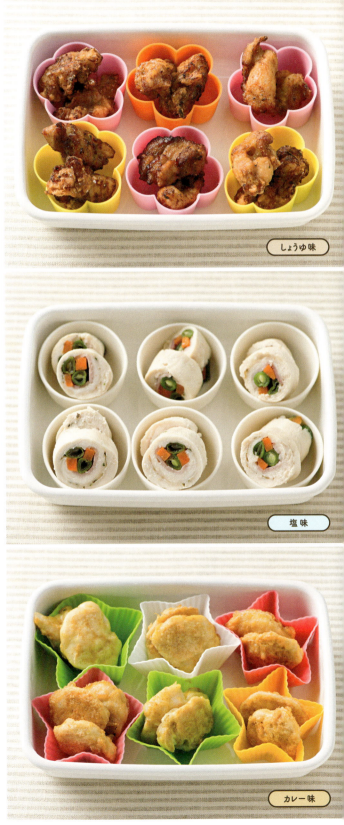

51

豚肉

野菜を巻いたりとアレンジがしやすく、ビタミンBが豊富な豚肉。
ヒレ肉はもも肉に比べてやわらかく、脂が少ないので小さな子どもに◎。
脂が多いと冷凍焼けが早くなるので、ヒレ肉は作りおきにも最適。

レンチンロール

野菜とお肉をバランスよく食べられる肉巻き。
片栗粉をまぶせば、冷めてもパサつかずにしっとり！

冷蔵 3日
冷凍 2週間

塩味

材料（6回分）

豚ロース肉（しゃぶしゃぶ用）	18枚（200g）
にんじん	½本
さやいんげん	6本
塩・こしょう	各少々
片栗粉	大さじ1
しょうがの皮	少々
長ねぎの青いところ	少々
酒	大さじ1

1 にんじんは細切りにし、豚肉の幅に合わせて切る。いんげんは豚肉の幅に合わせて切る。
2 豚肉に塩、こしょうを軽くふり、1を巻き、片栗粉を軽くまぶす。
3 耐熱皿に2のとじ目を下にしてならべ、長ねぎ、しょうがをのせ、酒をまわしかけ、ふんわりとラップをかける。
4 3を電子レンジで1分30秒加熱し、ひっくり返してさらに1分加熱し、そのまま2分おき、長ねぎ、しょうがを取り除く。

レンチンロールのアレンジおかず

アレンジ1

調味料を和えてレンジにかけるだけ！
肉巻きの甘辛煮

材料と作り方（1回分）
1 耐熱ボウルにしょうゆ・みりん各小さじ1、砂糖小さじ½を入れ、電子レンジで20〜30秒加熱して沸騰させ、レンチンロール1回分を加え、よく和える。
2 1にふんわりとラップをかけ、電子レンジで30秒〜1分加熱する。

アレンジ2

具がまとまっているから食べやすい
レンチンロールの塩焼きそば

材料と作り方（1回分）
1 レンチンロール1回分は3等分の輪切りにする。焼きそば麺½玉は湯にくぐらせ、ほぐしておく。
2 フライパンにごま油小さじ1を熱し、1、長ねぎ（みじん切り）大さじ2を中火で炒め、顆粒鶏ガラスープの素小さじ½を加え、塩・こしょう各適宜で味をととのえる。

アレンジ3

火が通っているから軽く揚げるだけ
一口チキンカツ

材料と作り方（1回分）
1 レンチンロール1回分に小麦粉適量を軽くまぶし、溶き卵・パン粉各適量をつける。
2 ミルクパンに揚げ油少量を170℃に熱し、1を色よく揚げる。

朝ラクチン！作りおきおかず **PART 2**

豚肉の下処理でやわらかく食べやすい！
やわらかしょうが焼き

 冷蔵　3日
冷凍　2週間

材料（6回分）
豚ロース肉（しゃぶしゃぶ用）
　……………………200g
玉ねぎ………………½個
パプリカ（赤・黄）…各¼個
A｜しょうが（すりおろし）1かけ分
　｜しょうゆ・みりん
　｜　　　　　　各大さじ1
　｜砂糖…………大さじ½
ごま油………………小さじ1

1　豚肉は半分に切り、沸騰した湯でさっと加熱し、水けをきる。
2　玉ねぎは繊維に沿って薄切りに、パプリカは5mm幅のせん切りにする。
3　フライパンにごま油を熱し、1、2を加え、全体に油がまわったらAを加え、煮からめる。

しょうゆ味

ごはんによく合う味つけでおいしい
トンテキ

 冷蔵　3日
冷凍　2週間

材料（6回分）
豚ヒレ肉………………300g
小麦粉………………大さじ1
塩・こしょう…………各適量
A｜しょうゆ・みりん
　｜　　　　　各大さじ½
ごま油………………小さじ1

1　豚肉は5mm幅に斜めにスライスし、包丁の背で両面を軽くたたき、平らな丸形にキュッとまとめ、塩、こしょう、小麦粉をまぶす。
2　フライパンにごま油を熱し、1の片面を焼き色がつくまで中火で焼き、ひっくり返し、ふたをして弱火で2分加熱する。
3　2にAを加え、中火で煮からめる。

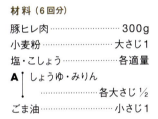

しょうゆ味

パイナップルを加えてお肉やわらか！
甘酢豚

 冷蔵　2日
冷凍　2週間

材料（6回分）
豚ヒレ肉………………300g
パイナップル…………100g
小麦粉………………大さじ1
塩・こしょう…………各適量
A｜スイートチリソース・
　｜　トマトケチャップ
　｜　　　　　各大さじ1
　｜しょうゆ……大さじ½
ごま油………………小さじ1

1　豚肉は5mm幅に斜めにスライスし、包丁の背で両面を軽くたたき、半分に切って、平らな丸形にキュッとまとめ、塩、こしょう、小麦粉をまぶす。パイナップルは一口大に切る。
2　フライパンにごま油を熱し、1の豚肉を中火で1分焼き、1のパイナップルを加え、ふたをして弱火で1分焼く。
3　2にAを加え、中火で煮からめる。

ケチャップ味

牛肉

良質なたんぱく質や鉄分を多く含む牛肉。
肉特有の臭みが気になるときは、しっかり味つけをすると食べやすくなります。
ケチャップやソースなどとの味つけもよく合います。

ハヤシ風トマトケチャップ炒め

トマトケチャップとソースでコクのあるおかず。
やわらかい薄切り玉ねぎの甘みもおいしい！

冷蔵 3日
冷凍 2週間

ケチャップ味

材料（6回分）

牛切り落とし肉（脂の少ない部分）	200g
塩・こしょう	各少々
薄力粉	大さじ1
玉ねぎ	¼個
A トマトケチャップ	大さじ2
中濃ソース	大さじ½
顆粒コンソメスープの素	小さじ½
植物油	大さじ½
パセリ	少々

1. 牛肉は塩、こしょうをふり、薄力粉を薄くまぶす。
2. 玉ねぎは半分に切り、5mm幅にスライスする。
3. 植物油を熱したフライパンで**1**を中火で炒め、色が変わったら**2**を加え、さらに炒める。
4. **3**に**A**を加えて煮からめ、器に盛り、パセリを散らす。

ハヤシ風トマトケチャップ炒めのアレンジおかず

アレンジ 1

包んで軽く揚げるだけの簡単春巻き
洋風一口揚げ春巻き

材料と作り方（1回分）

1. トマトケチャップ炒め1回分を春巻きの皮1枚で包む。
2. **1**を170℃の揚げ油適量で色よく揚げる。

アレンジ 2

ケチャップ味の定番パスタ
ごちそうナポリタン

材料と作り方（1回分）

1. パスタ½人分は袋の表示通りにゆでる。
2. フライパンにオリーブオイル小さじ1を熱し、**1**を中火で炒め、トマトケチャップ炒め1回分、トマトケチャップ大さじ1を加えて炒め、器に盛り、パセリ（みじん切り）適量を散らす。

アレンジ 3

牛肉が入ってボリューム満点！
ハヤシ風トマトケチャップ炒めのオムレツ

材料と作り方（1回分）

1. 卵1個は溶いて、マヨネーズ大さじ1を加え混ぜる。
2. フライパンにオリーブオイル小さじ1を熱し、**1**を中火でゆるく炒め、トマトケチャップ炒め1回分をのせ、オムレツにする。

朝ラクチン！作りおきおかず **PART 2**

しっかりめの味つけでピーマンを食べやすく
チンジャオロース

 冷蔵　2日　冷凍　2週間

材料（6回分）

牛もも肉	150g
ピーマン	1個
パプリカ（赤）	1/8個
A しょうゆ	大さじ1/2
酒	大さじ1
小麦粉	大さじ1/2
塩・こしょう	各適宜
ごま油	小さじ1
B オイスターソース	大さじ1/2
しょうゆ	小さじ1

1 牛肉は5mm幅に切り、**A**を軽く和えて塩、こしょうをふり、小麦粉をまぶす。
2 ピーマン、パプリカは5mm幅に切る。
3 フライパンにごま油を熱し、中火で**1**を炒め、**2**を加えてさらに炒める。
4 **3**に**B**を加え、水分を飛ばすように中火で炒める。

ソース味

枝豆の緑色があざやか！
牛肉と枝豆のしぐれ煮

 冷蔵　3日　冷凍　2週間

材料（6回分）

牛肩ロース薄切り肉（赤身）	200g
ゆで枝豆	100g
A しょうゆ	大さじ1/2
酒	大さじ1
ごま油	小さじ1
しょうが（すりおろし）	小さじ1
B しょうゆ・みりん各大さじ1/2	
砂糖	小さじ1

1 牛肉は**A**を軽くもみ込んで下味をつける。
2 枝豆はさやから出す。
3 フライパンにごま油、しょうがを熱し、**1**を中火で炒める。
4 **3**の色が変わったら**2**、**B**を加え、水分を飛ばすように炒める。

しょうゆ味

マーマレードの優しい甘みが広がる
牛肉とにんじんの甘辛焼き

 冷蔵　3日　冷凍　2週間

材料（6回分）

牛ロース肉（焼き肉用）	150g
塩・こしょう	各少々
しょうゆ	小さじ1
にんじん	1/2本
にんにく（みじん切り）	1かけ分
A マーマレード	大さじ1
しょうゆ	大さじ1/2
砂糖	小さじ1/2
植物油	小さじ1

1 牛肉は一口大に切り、塩、こしょう、しょうゆで下味をつける。
2 にんじんは2mm幅の半月切りにし、水少量を張ったフライパンでゆでる。
3 **2**のフライパンをさっとふき、植物油、にんにくを熱し、**1**を中火で炒める。
4 **3**に**A**を加え、水分を飛ばすように中火で煮詰める。

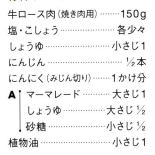

甘辛味

55

ひき肉

やわらかく筋がないひき肉は、かみ切りやすく、子どもに人気の食材です。
肉のにおいが苦手なお子さんには、
しょうがなどを混ぜてあげると食べやすくなります。

みそ味

ごはんにかけても、アレンジしても使える！
鶏そぼろ

冷蔵 4日
冷凍 2週間

材料（6回分）
鶏ももひき肉 …………… 300g
しょうが（すりおろし）…… 小さじ1
白いりごま ……………… 大さじ1
A｜みそ・みりん …… 各大さじ1
　｜しょうゆ ………… 大さじ½

1 鶏ひき肉は下ゆでし、水けをきる。
2 鍋で1、しょうが、Aを中火で煮からめ、白いりごまを加える。

甘辛味

マーマレードでタレがからみやすい♪
照り焼きバーグ

冷蔵 3日
冷凍 2週間

材料（6回分）
A｜豚ひき肉 …………… 200g
　｜玉ねぎ（みじん切り）… ¼個分
　｜卵 …………………… ½個
　｜パン粉 ……………… 大さじ3
　｜顆粒コンソメスープの素
　｜　　　　　　　　…… 小さじ1
B｜しょうゆ …………… 大さじ1
　｜マーマレード ……… 大さじ2
植物油 …………………… 小さじ1

1 ボウルにAをよく混ぜ、小さめの平らな丸形にする。
2 フライパンに植物油を熱し、1の片面に焼き色がつくまで中火で焼き、ひっくり返し、ふたをして弱火で2分焼く。
3 2にBを加え、中火で煮からめる。

甘辛味

みじん切りの野菜を混ぜ込んで彩りよく
鶏つくね

冷蔵 3日
冷凍 2週間

材料（6回分）
A｜鶏ひき肉 …………… 200g
　｜万能ねぎ（みじん切り）… 3本分
　｜にんじん（みじん切り）… ¼本分
　｜しょうが（すりおろし）小さじ1
　｜片栗粉 ……………… 大さじ1½
　｜塩・こしょう ……… 各適量
B｜しょうゆ・みりん
　｜　　　　　　…… 各大さじ½
ごま油 …………………… 大さじ½

1 ボウルにAをよく混ぜ、小さめの小判形にする。
2 フライパンにごま油を熱し、1の片面に焼き色がつくまで中火で焼き、ひっくり返し、ふたをして弱火で5分焼く。
3 2にBを加え、煮からめる。

ウインナー・ハム・ベーコン

朝ラクチン！作りおきおかず **PART 2**

加工されているので調理がしやすく、そのまま食べられるものもあるので時間がない朝に重宝する食材です。ウインナーの皮が苦手なお子さんには皮なしのものを使うと◎。

お花の形で子どもも喜ぶ！
ウインナーエッグ

冷蔵 **2**日
冷凍 **2**週間

材料（6回分）
- ウインナー ……………… 9本
- うずらの卵 ……………… 6個

1 ウインナーを4等分の輪切りにし、アルミのカップに輪になるよう並べる。
2 1の中心にうずらの卵を割り入れ、トースターもしくはグリルで焦げないように気をつけながら1〜2分焼き、そのまま1分ほど余熱で卵に火を通す。

塩味

交互に重ねるだけ！一口サイズで食べやすい
ハムとチーズのミルフィーユ

冷蔵 **2**日
冷凍 **2**週間

材料（6回分）
- ハム ……………………… 12枚
- チェダースライスチーズ …… 8枚

1 ハムとスライスチーズはそれぞれ2枚重ねにし、5層になるよう順番に重ねる。
2 1をさいの目に切り、ピックで刺す。

＊チーズが溶けてもおいしくいただけるので、冷凍保存したものはふんわりラップをかけ、電子レンジで温める。

塩味

ベーコンのうまみがじゃがいもとマッチする
ベーコンのポテト巻き

冷蔵 **3**日
冷凍 **2**週間

材料（6回分）
- ベーコン ………………… 3枚
- じゃがいも ……………… 1個
- **A** 片栗粉 …………… 大さじ½
　　　塩・こしょう ……… 各少々
- オリーブオイル ………… 小さじ1

1 じゃがいもはスライサーでせん切りにし、水にさらして水けをふき取る。
2 1に**A**を混ぜ、ベーコンで巻き、爪楊枝で刺す。
3 フライパンにオリーブオイルを熱し、2を入れ、ふたをして片面を弱火で2分ずつ焼く。

塩味

57

さけ・たら

スーパーでも手に入れやすいさけとたらは、おべんとうおかずの必須食材。
小麦粉や片栗粉で表面をコーティングすると、
パサパサせずに食べやすく、味もよくからみます。

サーモンのムニエル

ドライハーブミックスをまぶして、臭みを抑える！
生ぐささが消えて、冷めてもおいしい。

冷蔵 **4日**
冷凍 **2週間**

塩味

材料（6回分）

さけ	200g
ドライハーブミックス	少々
塩	小さじ½
小麦粉	大さじ1
オリーブオイル	小さじ1
バター	小さじ1

1. さけは一口大に切り、ペーパータオルで余分な水分を取り除く。
2. **1**にドライハーブミックスと塩をなじませ、小麦粉を薄くまぶす。
3. フライパンにオリーブオイルを熱し、**2**を中弱火で焼き、バターを加えて香りづけする。

サーモンのムニエルのアレンジおかず

アレンジ 1

マヨネーズをのせて焼くだけ！
サーモンのマヨ焼き

材料と作り方（1回分）

1. サーモンのムニエル1回分を電子レンジで30秒ほど軽く温める。
2. **1**にマヨネーズ少々をのせ、トースターやグリルで色よく焼く。

アレンジ 2

野菜もしっかり食べられる！
サーモンとアスパラのサラダ菜巻き

材料と作り方（1回分）

1. サーモンのムニエル1回分は電子レンジで30秒ほど温め、人肌に冷ます。
2. **1**、ゆでて**1**に長さをそろえたグリーンアスパラガス2本をサラダ菜2枚でそれぞれ包む。

アレンジ 3

軽く炒めればピラフ風に！
サーモンのピラフ風

材料と作り方（1回分）

1. フライパンにオリーブオイル小さじ1を熱し、万能ねぎ（小口切り）1本分、サーモンのムニエル1回分、ごはん100gを加え、ムニエルを崩すように中火で炒める。顆粒コンソメスープの素小さじ⅓を加えてさらに炒める。

朝ラクチン！作りおきおかず **PART 2**

チェダーチーズの塩けがサーモンに合う
サーモンのチーズ焼き

 冷蔵 3日 / 冷凍 2週間

材料（6回分）
- さけ……………………200g
- チェダースライスチーズ……1枚
- しょうゆ……………………大さじ½
- 小麦粉……………………大さじ1
- オリーブオイル……………小さじ1

1 さけは12等分にスライスし、ペーパータオルで余分な水分を取り除く。
2 1にしょうゆをつけ、小麦粉を薄くまぶす。
3 フライパンにオリーブオイルを熱し、2を中弱火で両面焼き、スライスチーズをのせ、ふたをして30秒おく。

チーズ味

ほろっとほぐれるたらがおいしい
やわらかレンチンたらの甘酢和え

 冷蔵 2日 / 冷凍 2週間

材料（6回分）
- 甘塩たら……………2切れ（200g）
- こしょう……………………少々
- 片栗粉……………………大さじ1
- 長ねぎの青いところ……½本分
- しょうが（スライス）……………2枚
- A｜しょうゆ・みりん・酢
　　　　　　　　　各小さじ1
　｜砂糖……………………小さじ½

1 たらはペーパータオルで包んで余分な水分を取り除き、こしょうを軽くまぶし、片栗粉を薄くまぶす。
2 1を耐熱皿にならべ、長ねぎ、しょうがをのせ、ふんわりとラップをかけ、電子レンジで1分30秒加熱する。
3 2をひっくり返しAをまわしかけ、さらに1分30秒加熱し、そのまま2分おく。

すっぱ味

淡白なたらにベーコンがマッチ
たらのベーコン巻き

 冷蔵 2日 / 冷凍 2週間

材料（6回分）
- 甘塩たら……………2切れ（200g）
- ベーコン……………………6枚
- 片栗粉……………………大さじ1
- オリーブオイル……………小さじ1
- 長ねぎの青いところ……1本分

1 たらはペーパータオルで余分な水分を取り除き、片栗粉を軽くまぶし、ベーコンで巻く。
2 フライパンにオリーブオイルを熱し、長ねぎ、1のとじ目を下にして入れ、ふたをして弱火で3分焼き、ひっくり返して1〜2分焼く。

塩味

59

めかじき

脂肪が少なく、淡白な味わいのめかじきは、しっかりめの味つけがよく合う食材です。形が崩れにくいのでおべんとうにも使いやすく、たんぱく質やミネラルなどの栄養も豊富です。

すっぱ味

ポン酢しょうゆで即席南蛮漬け

めかじきの南蛮漬け

冷蔵　3日
冷凍　2週間

材料（6回分）

めかじき ……… 2切れ（220g）
ポン酢しょうゆ ……………… 少量
小麦粉 ………………………… 大さじ1
A ┌ しょうが（すりおろし）
　│　　　　　　　　　　小さじ1
　└ ポン酢しょうゆ …… 大さじ1
ごま油 ………………………… 小さじ1

1. めかじきは一口大に切り、ポン酢で下味をつけ、ペーパータオルで包んで余分な水分を取り除く。
2. 1に小麦粉を薄くまぶす。
3. フライパンにごま油を熱し、2の片面を中火で焼き、ひっくり返し、ふたをして弱火で2～3分焼く。
4. 3にAを加え、煮からめる。

味がよく染みて、ごはんがすすむ！

めかじきのみそ漬け

冷蔵　3日
冷凍　2週間

材料（6回分）

めかじき ……… 2切れ（220g）
A ┌ みそ ………………… 大さじ3
　└ みりん …………… 大さじ2

1. めかじきは一口大に切り、ペーパータオルで包み、よく混ぜ合わせたAを塗り、冷蔵庫で一晩おく。
2. 1のペーパータオルをはがし、グリルで両面1～2分焼く。

みそ味

下処理としっかり味で、冷めてもおいしい

めかじきのトマトソース

冷蔵　3日
冷凍　2週間

材料（6回分）

めかじき ……… 2切れ（220g）
塩・こしょう ………………… 各少々
小麦粉 ………………………… 大さじ1
にんにく ……………………… 1かけ
A ┌ トマトケチャップ … 大さじ2
　└ 中濃ソース ………… 大さじ2
オリーブオイル …………… 小さじ1

1. めかじきは一口大に切り、ペーパータオルで包んで余分な水分を取り除く。
2. 1に塩、こしょうで下味をつけ、小麦粉を薄くまぶす。
3. フライパンにオリーブオイル、つぶしたにんにくを熱し、2の片面を焼き色がつくまで中火で焼き、ひっくり返し、ふたをして弱火で2分焼く。
4. 3にAを加え、煮からめる。

ケチャップ味

朝ラクチン！作りおきおかず **PART 2**

まぐろ・ぶり

栄養豊富なまぐろとぶり。
においが苦手なお子さんには、血合いをしっかり取り除き、
味をよくからめたり、揚げ物にしてあげると食べやすくなります。

魚のにおいが苦手な子も食べやすい！
まぐろの バーベキューステーキ

冷蔵 3日
冷凍 2週間

材料（6回分）
- まぐろ（赤身）……200g
- 塩・こしょう……各少々
- 小麦粉……大さじ1
- A ┃ トマトケチャップ……大さじ2
    ┃ 中濃ソース・スイート
    ┃ チリソース……各大さじ1
- 植物油……小さじ1

1 まぐろは一口大に切り、ペーパータオルで包んで余分な水分を取り除く。
2 1に塩、こしょうで下味をつけ、小麦粉を薄くまぶす。
3 フライパンに植物油を熱し、2の片面を焼き色がつくまで中火で焼き、ひっくり返し、ふたをして弱火で2分焼く。
4 3にAを加え、煮からめる。

ケチャップ味

うまみを逃さずしっとりおいしい
ぶりの照り焼き

冷蔵 2日
冷凍 2週間

材料（6回分）
- ぶり……2切れ（240g）
- 塩・こしょう……各少々
- 小麦粉……大さじ1
- A ┃ 酢・しょうゆ……各大さじ½
    ┃ みりん……大さじ1
- 植物油……小さじ1

1 ぶりは血合いを取り除き、一口大に切り、ペーパータオルで包んで余分な水分を取り除く。
2 1に塩、こしょうで軽く下味をつけ、小麦粉を薄くまぶす。
3 フライパンに植物油を熱し、2の片面を焼き色がつくまで中火で焼き、ひっくり返し、ふたをして弱火で2分焼く。
4 3にAを加え、中火で煮からめる。

甘辛味

しょうが入りで、揚げても重たすぎない
ぶりの竜田揚げ

冷蔵 2日
冷凍 2週間

材料（6回分）
- ぶり……2切れ（240g）
- A ┃ みりん・しょうゆ……各大さじ½
    ┃ しょうが（すりおろし）
    ┃ ……小さじ1
- 片栗粉……大さじ2
- 揚げ油……適量

1 ぶりは血合いを取り除き、一口大に切り、ペーパータオルで包んで余分な水分を取り除く。
2 ボウルにA、1を入れてよくもみ込み、片栗粉をまぶす。
3 2を170℃の揚げ油で2〜3分揚げる。

しょうゆ味

えび・いか

ぷりぷりとした食感で子どもに人気のえびと、淡白で味つけがしやすいいかは、おべんとうの人気食材です。揚げたり炒めたり、アレンジ自在で、スーパーで手に入れやすいのもうれしい。

マヨ味

スイートチリソースとマヨネーズが絶妙
えびマヨ

冷蔵　2日
冷凍　2週間

材料（6回分）

えび	200g
片栗粉	大さじ2
塩・こしょう	各少々
小麦粉	大さじ1
A マヨネーズ	大さじ3
スイートチリソース	大さじ1
ごま油	大さじ3

1 えびは片栗粉で洗い、ペーパータオルで包んで余分な水分を取り除き、塩、こしょうで下味をつけ、小麦粉をまぶす。

2 フライパンにごま油を熱し、**1**を揚げ焼きし、余分な油をペーパータオルで取り除く。

3 **2**に**A**をからめる。

はんぺんを加えて、ふわっぷりっの食感
えびカツ

冷蔵　3日
冷凍　2週間

材料（6回分）

えび	60g
はんぺん	小1枚
しょうが（すりおろし）	小さじ1
片栗粉	大さじ1
小麦粉・溶き卵・パン粉	各適量
揚げ油	適量

1 えびは5mm幅に切り、しょうがを和える。

2 保存袋に**1**、はんぺんを入れ、はんぺんを完全につぶすように全体を混ぜ、一口大の平らな丸形にする。

3 **2**に小麦粉、溶き卵、パン粉をつけ、170℃の揚げ油で2〜3分揚げる。

サクッと軽いカレー味のフリッター
いかのフリッター

冷蔵　2日
冷凍　2週間

材料（6回分）

いか	100g
A カレー粉	小さじ1/3
塩・こしょう	各少々
B 天ぷら粉	50g
カレー粉	小さじ1/3
揚げ油	適量

1 いかは一口大に切り、ペーパータオルで包んで余分な水分を取り除き、**A**で下味をつけ、薄く天ぷら粉（分量外）をまぶす。

2 ボウルに**B**をよく混ぜ、袋の表示通りの水で溶く。

3 **1**に**2**をからめ、170℃の揚げ油で2〜3分揚げる。

カレー味

PART 2 朝ラクチン！作りおきおかず

ツナ・ちくわ

和えるだけ、切るだけで一品完成する、ツナとちくわは、あともう一品ほしい時の救世主。保存がきくツナ缶と、お財布にもうれしいちくわは、常備しておくと便利です。

ツナマヨと甘いコーンのベストコンビ
ツナとコーンのそぼろ

冷蔵 3日
冷凍 2週間

材料（6回分）
ツナ缶……………大1缶(135g)
コーン……………………120g
マヨネーズ………………大さじ2
しょうゆ…………………小さじ½

1 ツナ缶、コーンは、それぞれ汁けをきる。
2 フライパンにマヨネーズ、1を入れて中火で炒め、しょうゆを加えてさらに炒める。

かむたびにちくわのうまみが広がる
ちくわと枝豆の甘辛炒め

冷蔵 3日
冷凍 2週間

材料（6回分）
ちくわ……………………4本
枝豆………………………100g
ごま油……………………小さじ1
A┃しょうゆ・みりん各大さじ½
　┃砂糖……………………小さじ½

1 ちくわは5mm幅に輪切りにする。枝豆はさやから出す。
2 フライパンにごま油を熱し、1を中火で炒め、Aを加え、煮からめる。

カラフルでかわいいおかずの完成
ちくわの野菜ロール

冷蔵 3日
冷凍 2週間

材料（6回分）
ちくわ……………………4本
にんじん…………………½本
グリーンアスパラガス……1本

1 アスパラガス、にんじんはちくわの穴の大きさに合わせて切り、ゆでる。
2 ちくわに1を差し込み、6等分の輪切りにする。

＊冷凍保存したものは、電子レンジで温めたあと、炒めてもおいしい。

マヨ味

甘辛味

塩味

63

豆

たんぱく質やミネラル、食物繊維などをバランスよく含む豆。
カレー味などの子どもが喜ぶ味つけにしたり、
フードプロセッサーでつぶしてから使うと食べやすいです。

豆のドライカレー

おべんとうに持って行きやすいドライカレー♪
みじん切りにすれば、苦手な野菜も食べやすい！

冷蔵 4日
冷凍 2週間

材料（6回分）
- 大豆（水煮）……………………………… 100g
- 豚ひき肉 …………………………………… 100g
- にんじん …………………………………… 1/3本
- 玉ねぎ ……………………………………… 1/4個
- カレールウ（甘口）……………………… 1 1/2かけ
- 顆粒コンソメスープの素 ……………… 小さじ 1/2

1. にんじん、玉ねぎはみじん切りにする。
2. フライパンを熱し、中火でひき肉を炒め、油が出たら**1**を加え炒める。
3. **2**の野菜がしんなりしたら大豆を加え、顆粒コンソメスープの素、砕いたカレールウを加え、水分を飛ばすように炒める。

カレー味

豆のドライカレーのアレンジおかず

アレンジ 1

餃子の皮で手軽に作れる
辛くないサモサ風

材料と作り方（1回分）
1. 豆のドライカレー1回分を餃子の皮2枚でそれぞれ包む。
2. **1**を170℃の揚げ油適量でカリッと色よく揚げる。

アレンジ 2

乾燥マッシュポテトでラクチン♪
カレー風味の焼きポテトコロッケ

材料と作り方（1回分）
1. 乾燥マッシュポテト80gは袋の表示通りに戻し、豆のドライカレー1回分を混ぜる。
2. **1**を平らな丸形にし、小麦粉・溶き卵・パン粉各適量をつける。
3. **2**を170℃の揚げ油適量で1～2分揚げる。

アレンジ 3

サンドイッチのマンネリ解消
豆のドライカレーサンド

材料と作り方（1回分）
1. 豆のドライカレー1回分、ゆで卵 1/2個を混ぜ、マヨネーズ大さじ 1/2を加える。
2. サンドイッチ用食パン2枚にバター適量を塗り、**1**、サラダ菜2枚を挟み、4等分に切る。

朝ラクチン！作りおきおかず **PART 2**

和えるだけの時短おかず
ミックスビーンズと
ツナのサラダ

冷蔵 3日
冷凍 NG

材料（6回分）
A｜ミックスビーンズ（水煮）
　　　　　　　　………100g
　｜ツナ缶………………小1缶
　｜マヨネーズ…………大さじ2
　｜塩・こしょう………各少々
パセリ（みじん切り）………少々

1 **A** のツナは油をよく切る。
2 ボウルに **A** を混ぜ、器に盛り、パセリを散らす。

 マヨ味

ふっくらした食感がくせになる！
蒸し大豆と
ベーコンのお焼き

冷蔵 4日
冷凍 2週間

材料（6回分）
A｜蒸し大豆……………150g
　｜長ねぎ………………10cm分
　｜水・片栗粉…………各大さじ2
　｜しょうゆ……………小さじ1
ベーコン………………………2枚
B｜しょうゆ・みりん各大さじ½
　｜砂糖…………………小さじ1
ごま油…………………………小さじ1

＊蒸し大豆の代わりに、しっかり水分を取り除いた大豆の水煮を使っても。

1 **A** の蒸し大豆は電子レンジで1分加熱する。ベーコンは1cm幅に刻む。
2 **A** をひとかたまりになるまでフードプロセッサーにかける。
3 **2** に **1** のベーコンを加え、粗めにフードプロセッサーにかける。
4 手にごま油適量（分量外）をつけ、**3** を平らな丸形にする。
5 ごま油を熱したフライパンで **4** の両面を中弱火で色よく焼き、**B** を加え、煮からめる。

甘辛味

軽い食感で、パクパク食べられる
枝豆のつまみ揚げ

冷蔵 4日
冷凍 2週間

材料（6回分）
枝豆………………………………50g
はんぺん…………………………1枚（110g）
片栗粉……………………………大さじ1½
揚げ油……………………………適量

1 枝豆はさやから出す。
2 はんぺん、片栗粉をなめらかになるまでフードプロセッサーにかける。
3 **2** をボウルに取り出し、**1** を加え、よく混ぜる。
4 手に植物油適量（分量外）をつけ、**3** を一口大に形作り、170℃の揚げ油で1分～1分30秒揚げる。

塩味

65

卵

冷蔵庫に常備されていることが多い卵は、栄養バランスもよく、ゆでるだけ、炒るだけ、焼くだけでもさまになる便利食材です。バリエーションを増やして、飽きずに食べて。

マヨ味

のりを一緒に巻くだけで新鮮
厚焼きのり巻き卵

 冷蔵 2日 / 冷凍 2週間

材料（6回分）
- 卵 ……………………… 2個
- マヨネーズ …………… 大さじ2
- のり …………………… 1/4枚
- 植物油 ………………… 小さじ1

1. 卵は溶き、マヨネーズをよく混ぜる。
2. フライパンに植物油を熱し、**1**を流し込み、中火で半生のスクランブルエッグにする。
3. **2**の上にのりをおき、くるくる巻く。
4. **3**を取り出し、巻きすで巻き、形を整える。

塩味

白ごまを入れて風味がアップ♪
マヨ炒り卵

 冷蔵 2日 / 冷凍 2週間

材料（6回分）
- A
  - 卵 …………………… 2個
  - マヨネーズ ………… 大さじ2
  - 白炒りごま ………… 大さじ1/2

1. ボウルに **A** をよく混ぜ合わせる。
2. **1**をテフロン加工のフライパンに入れ、中火にかけ、4本の箸でかき混ぜながら炒り卵にする。

カレー味で酸味がやわらぐ
うずらの
カレーピクルス

 冷蔵 3日 / 冷凍 2週間

＊再加熱の際は、破裂しないよう注意する。

材料（6回分）
- うずらの卵（水煮）……… 12個
- A
  - 酢 …………………… 大さじ3
  - 砂糖 ………………… 大さじ1
  - カレー粉・塩 ……… 各小さじ1/2
  - ローリエ …………… 1枚

1. **A**を耐熱ボウルに入れ、電子レンジで30～40秒加熱し、粗熱を取る。
2. 保存容器に**1**、うずらの卵を入れ、一晩おく。

カレー味

朝ラクチン！作りおきおかず **PART 2**

厚揚げ

ボリューム感のある厚揚げは、そのままでもおいしくいただけますが、お肉との相性も抜群。かさ増しにもなり、お肉のうまみも逃がさない、優秀食材です。

ベーコンのうまみを厚揚げが逃がさない
厚揚げとベーコンのくるくる焼き

冷蔵　4日
冷凍　2週間
＊水分が出て食感が変わるが冷凍保存可。

材料（6回分）
- 厚揚げ……………………1枚
- ベーコン…………………3枚
- 片栗粉…………………大さじ1
- しょうゆ………………大さじ½

1. ベーコンは縦半分に切り、横半分に切る。
2. 厚揚げは長方形になるよう12等分に切り、片栗粉を薄くまぶし、1を巻きつける。
3. 熱したフライパンに2をとじ目を下にして入れ、中火で焼き、しょうゆをからめる。

しょうゆ味

巻いた豚肉が厚揚げとよく合う
厚揚げのとんかつ

冷蔵　4日
冷凍　2週間
＊水分が出て食感が変わるが冷凍保存可。

材料（6回分）
- 厚揚げ……………………1枚
- 豚ロース肉（しゃぶしゃぶ用）12枚
- 塩・こしょう……………各少々
- 小麦粉・溶き卵・パン粉…各適量
- 揚げ油……………………適量

1. 厚揚げは正方形になるよう12等分に切り、塩、こしょうをふる。
2. 1に豚肉を巻きつけ、小麦粉、溶き卵、パン粉をつける。
3. 2を170℃の揚げ油で2分ほど揚げる。

塩味

厚揚げに味がしっかりからんでる♪
厚揚げの麻婆

冷蔵　3日
冷凍　2週間
＊水分が出て食感が変わるが冷凍保存可。

材料（6回分）
- 厚揚げ……………………½枚
- 豚ひき肉…………………50g
- 長ねぎ……………………¼本
- ピーマン…………………1個
- A
  - トマトケチャップ……大さじ1
  - スイートチリソース……大さじ½
  - しょうゆ………………大さじ⅓
  - 顆粒鶏ガラスープの素……小さじ⅓
- 水溶き片栗粉……………大さじ½

1. 厚揚げは1cm角に切り、ピーマンは乱切りに、長ねぎはみじん切りにする。
2. フライパンでひき肉を中火で炒め、1の厚揚げを加え、さらに炒める。
3. 2によく混ぜたA、1の野菜を加え炒め、水溶き片栗粉を加え、とろみがついたら火を止める。

ケチャップ味

67

> おぼえておきたい
>
> 野菜は、水分が出やすいので傷みやすいため、保存性が悪くなります。保存のコツをおさえましょう。

野菜の作りおきおかずの基本

● 野菜の作りおきおかずを作るとき

1 野菜は水けを絞って調味で長持ちさせる

野菜はゆでたり、塩もみすることで水っぽくなりがちです。ゆでた野菜はギュッと力を込めて水けを絞る、またはふき取ること。また、塩もみしたあともしっかり絞って水分を除いてから調味をすると長持ちします。

2 味つけは殺菌作用のあるレモン汁やしょうが汁を使う

殺菌作用のあるレモン汁やしょうが汁、酢などの調味料を使って野菜のおかずを作りおきしましょう。カレー粉などのスパイスやハーブも肉、魚介類のおかずと同様に保存性を高めるのでおすすめです。

● おべんとうに詰めるとき

1 ペーパータオルで水分をしっかり取る

野菜の作りおきおかずは、時間が経つと水分が出てしまいます。おべんとう箱に詰めるときは、ペーパータオルで挟んでしっかりと水けをふき取ること。食中毒を防ぐだけでなく、汁もれも防ぎます。

2 すりごまやかつお節で水分を取る

ペーパータオルで水けをしっかりふき取るほかに、詰める時に吸水性のある食材で水分を取る方法もあります。たとえば、おべんとう箱に詰める前にすりごまを加えたり、かつお節を混ぜたりすると汁もれを防げます。

COLUMN

フルーツは同じおべんとう箱に詰めてOK？

おべんとう箱におかずとフルーツを詰める場合がありますが、フルーツは水分が多いので傷む原因に。できれば、別の小さなふたつき容器に入れるのがベストです。

赤の野菜

にんじん、パプリカ、トマトなど
おべんとうがいっきに明るくなる赤色のおかず。
赤色の野菜は、栄養が豊富なものが多いので、1品入れておくのがおすすめです。

朝ラクチン！作りおきおかず　PART 2

甘味
冷蔵 5日
冷凍 NG

スライサーであっという間にせん切り

キャロットラペ

材料と作り方（6回分）
1. にんじん1本はスライサーでせん切りにし、塩・砂糖各小さじ1/3で和え、しんなりしたら水けをきる。
2. ボウルに**1**、レモン汁1/2個分をよく混ぜる。

甘味
冷蔵 3日
冷凍 2週間

オレンジジュースで食べやすく♪

にんじんのオレンジグラッセ

材料と作り方（6回分）
1. にんじん1本は輪切りにし、オレンジジュース・水各50mℓ、砂糖小さじ1、塩小さじ1/2を入れた鍋で落としぶたをして中弱火でゆでる。火が通ったら、水分を飛ばし、バター小さじ1を加える。

塩味
冷蔵 3日
冷凍 2週間

ツナと卵で炒めた沖縄料理

にんじんのしりしり

材料と作り方（6回分）
1. にんじん1/2本はスライサーでせん切りにする。
2. フライパンにごま油小さじ1を熱し、溶いた卵1/2個を中火で炒め、炒り卵にして取り出す。
3. **2**のフライパンにごま油小さじ1を熱し、**1**、ツナ小1缶を入れ、酒小さじ1をまわしかけて炒める。炒り卵を加え、塩・こしょう各少々で味をととのえる。

カレー味
冷蔵 3日
冷凍 2週間

ウインナーの油で炒めてヘルシー

パプリカとウインナーのカレー炒め

材料と作り方（6回分）
1. パプリカ（赤）1/2個は横半分に切り、縦1cm幅に切る。ウインナー（粗びき）3本を5mm幅の輪切りにする。
2. フライパンでウインナーを炒め、油が出てきたらパプリカを加えて炒め、バター大さじ1、カレー粉小さじ1/3を加え、さらに炒める。塩少々で味をととのえる。

しょうゆ味
冷蔵 4日
冷凍 2週間

鮮やかな赤色でおべんとうが明るく！

パプリカの揚げ浸し

材料と作り方（6回分）
1. 耐熱ボウルに和風だし汁50mℓ、しょうゆ・みりん各小さじ1、しょうがの絞り汁1かけ分を入れ、電子レンジで30秒～1分ほど、沸騰するまで加熱する。
2. パプリカ（赤）1/2個は縦に4等分し、一口大の乱切りにする。
3. **2**を170℃の揚げ油適量で素揚げし、**1**に30分以上漬ける。

MEMO

赤色おかずでおべんとうが華やか！

赤色のおかずを入れると、おべんとうがパッと明るい印象に。食材をいかしたシンプルな調理＆味つけにすることで、鮮やかな赤色がきれいに残ります。

緑の野菜

おべんとうの彩りには、緑のおかずもかかせません。
赤色の野菜と同じように、緑の野菜にも栄養豊富なものが多いので
積極的に取り入れましょう。味つけを工夫して食べやすく。

しょうゆ味
冷蔵 **4日**
冷凍 **2週間**

子どもも大人も好きな味！
アスパラのバターしょうゆ

材料と作り方（6回分）
1 グリーンアスパラガス5本はかたいところを落とし、下の方1/3の皮をむき、2cm長さに切る。
2 フライパンにバター大さじ1/2を熱し、**1**を中弱火で炒め、しょうゆ小さじ1をまわしかける。

しょうゆ味
冷蔵 **4日**
冷凍 **2週間**

粗く砕いたピーナッツの食感が楽しい
いんげんのピーナッツ炒め

材料と作り方（6回分）
1 さやいんげん10本はヘタを落とし、4等分に切る。
2 バターピーナッツ大さじ2は砕く。
3 フライパンにごま油小さじ1を熱し、中火で**1**を炒め、さらに**2**を加え炒める。火が通ったらしょうゆ小さじ1、みりん小さじ1を加え、煮からめる。

塩味
冷蔵 **3日**
冷凍 **2週間**

さわやかなハーブの香りが広がる
ブロッコリーのハーブボイル

材料と作り方（6回分）
1 鍋に湯を沸かし、塩少々を入れブロッコリー1/2株をゆでる。
2 **1**をざるにあげ、房を絞るように水けをきる。
3 ボウルにオリーブオイル小さじ1、ドライタイム少々、**2**を入れてよく混ぜ、塩・こしょう各少々で味をととのえる。

塩味
冷蔵 **3日**
冷凍 **2週間**

塩昆布でピーマンの苦味をやわらげる
ピーマンの塩昆布炒め

材料と作り方（6回分）
1 ピーマン3個は縦に半分に切り、3mm幅に切る。塩昆布10gは包丁で細かく切る。
2 フライパンにごま油小さじ1を熱し、**1**を中火でよく炒める。

塩味
冷蔵 **3日**
冷凍 **2週間**

ピーマンは食べやすく細切りに！
ピーマンとベーコンの炒め物

材料と作り方（6回分）
1 ピーマン3個は縦5mm幅に切り、ベーコン2枚は5mm幅に切る。
2 フライパンにごま油小さじ1を熱し、**1**を中火で炒め、塩・こしょう各適宜で味をととのえる。

> **MEMO**
>
> **野菜が苦手な場合は組み合わせを工夫して**
>
> ピーマンなど、苦味がある野菜が食べられないお子さんには、塩昆布やベーコンなどうまみがある食材と組み合わせてみるのもおすすめです。細切りなど小さく切るのも◎。

朝ラクチン！作りおきおかず PART 2

黄の野菜

じゃがいもやさつまいも、かぼちゃ、コーンなど甘めの食材が多い黄色のおかず。子どもも食べやすい野菜が多いので、バリエーションを増やせば、喜ばれること間違いなしです。

すっぱ味
冷蔵 3日
冷凍 2週間

市販のフレンチドレッシングで簡単
コーンサラダ

材料と作り方（6回分）
1. コーン100gは水けをきる。
2. 1、フレンチドレッシング大さじ1、パセリ少々をよく混ぜる。

マヨ味
冷蔵 3日
冷凍 2週間

レーズンとくるみで食感いろいろ♪
かぼちゃのサラダ

材料と作り方（6回分）
1. かぼちゃ1/8個は一口大に切り、耐熱容器に入れ、ふんわりとラップをかける。
2. 1を電子レンジで2分加熱し、一度混ぜ、さらに1分加熱し、そのまま2分おく。
3. 2にレーズン大さじ1、くるみ大さじ2、マヨネーズ大さじ1 1/2を加え混ぜ、塩・こしょう各少々で味をととのえる。

カレー味
冷蔵 3日
冷凍 2週間
※電子レンジにかける際は、アルミカップをはずす。

チーズとカレーの組み合わせが絶妙
じゃがいもとチーズのマッシュ焼き

材料と作り方（6回分）
1. 乾燥マッシュポテト150gは袋の表示通りに戻す。プロセスチーズ50gは5mmのさいの目に切る。
2. ボウルに1、カレー粉小さじ1/2を混ぜ、塩・こしょう各適宜で味をととのえる。
3. 2を6等分してアルミカップに入れ、トースターで3分焼く。

甘味
冷蔵 3日
冷凍 2週間
※再加熱の際はフライパンで焼く。

ほくほくのさつまいもをフライに
スイートフライドポテト

材料と作り方（6回分）
1. さつまいも1/2本は1cm角のスティック状に切り、水にさらし、キッチンペーパーで包み、水けをきる。
2. 1を170℃の揚げ油適量で素揚げし、油をきり、グラニュー糖小さじ1をふる。

甘味
冷蔵 4日
冷凍 2週間

レモンの酸味で甘みが引き立つ
さつまいものレモン煮

材料と作り方（6回分）
1. さつまいも1/2本は1cm幅のいちょう切りにし、水にさらし、キッチンペーパーで包み、水けをきる。レモン1/3個は5mm幅に切る。
2. 鍋に1、みりん大さじ2、砂糖大さじ1、塩少々を入れ、落としぶたをし、ふたをして中火で5分煮、そのまま冷ます。

MEMO

優しい色合いと味が人気の野菜

かぼちゃ、じゃがいも、さつまいもなど、ほくほくとした食感と甘みで、人気の高い野菜たち。優しい味わいでパクパク食べられます。甘めの味つけともよく合います。

茶の野菜

根菜やきのこなど食物繊維が豊富なものが多い、茶色のおかず。
しょうゆの味つけは、茶色の野菜のときに使うと、
おかずの色にメリハリをつけやすくなります。

塩味
冷蔵 4日
冷凍 2週間

うまみ食材のコンビでおいしい
しめじとベーコンの炒め物

材料と作り方（6回分）
1. しめじ1パックは石突きを取ってほぐす。ベーコン2枚は5mm幅に切る。
2. フライパンにオリーブオイル小さじ1を熱し、1を中火で炒め、塩・こしょう各少々で味をととのえ、パセリ（みじん切り）少々を散らす。

甘辛味
冷蔵 4日
冷凍 2週間

冷めてもおいしいのがうれしい
じゃがいもと
にんじんのきんぴら

材料と作り方（6回分）
1. にんじん⅓本、じゃがいも1個はスライサーでせん切りにする。
2. フライパンにごま油小さじ1を熱し、1を中火で炒め、しょうゆ・砂糖・みりん各大さじ½を加えてさらに炒め、白炒りごま大さじ½を加える。

しょうゆ味
冷蔵 3日
冷凍 2週間

れんこんの歯ごたえが楽しめる
れんこんの肉巻き焼き

材料と作り方（6回分）
1. れんこん6cmは皮をむき、1cm幅に切り、半月に切り、酢水にさらしてアク抜きをし、水けをふき取る。
2. 豚ロース肉（しゃぶしゃぶ用）6枚は半分に切り、1に巻きつける。
3. フライパンにごま油小さじ1を熱し、2の片面を中火で焼き、ひっくり返し、ふたをして弱火で2分焼き、しょうゆ大さじ½、みりん大さじ1、しょうが（すりおろし）小さじ½を加えて中火で煮からめる。

甘辛味
冷蔵 5日
冷凍 NG

和風の味つけがほっとする
じゃがいもの煮っころがし

材料と作り方（6回分）
1. じゃがいも2個は皮をむき、一口大に切る。
2. 鍋に1を入れ、和風だし汁をひたひたに注ぎ、しょうゆ小さじ1、みりん大さじ1を加える。落としぶたをし、ふたをして中弱火で10～15分煮る。

甘辛味
冷蔵 5日
冷凍 2週間

かむたびにうまみが広がる
たけのこの土佐煮

材料と作り方（6回分）
1. たけのこ（水煮）½本は一口大の乱切りにする。
2. 鍋に1を入れ、和風だし汁をひたひたに注ぎ、しょうゆ大さじ½、みりん・酒各大さじ1を加える。落としぶたをし、ふたをして中弱火で10～15分煮る。
3. 2にかつお節大さじ2をまぶす。

MEMO

**茶色の野菜で
ほっこりべんとう**

茶色の野菜はしょうゆやソースなどの味つけをしても色味をじゃますることなく作れます。きのこはしめじ以外にも、エリンギ、しいたけなどもおすすめ。

黒の野菜

朝ラクチン！作りおきおかず　PART 2

赤、緑、黄色のカラフルおかずと一緒に、なすや海藻類、ごまなどを使った黒色のおかずも、おべんとうのアクセントになります。一年中手に入れやすい食材が多いのもうれしい。

甘辛味
冷蔵 4日
冷凍 2週間

よく味がなじんで食べやすい
なすの揚げ浸し

材料と作り方（6回分）

1. なす1本は輪切りにし、170℃の揚げ油適量で素揚げする。
2. 耐熱ボウルに和風だし汁50mℓ、しょうゆ大さじ½、みりん大さじ½、砂糖小さじ½、しょうが（すりおろし）小さじ½を入れ、電子レンジで沸騰させ、1を漬ける。

塩味
冷蔵 3日
冷凍 2週間

ベーコンのうまみをなすがキャッチ
なすのベーコン焼き

材料と作り方（6回分）

1. なす1本は縦半分に切り、横半分に切り、3等分に切り、塩・こしょう各少々をふる。
2. 1にベーコン6枚を巻きつける。
3. フライパンにオリーブオイル小さじ1を熱し、2の片面を中火で焼き、ひっくり返し、ふたをして弱火で2分焼く。

マヨ味
冷蔵 2日
冷凍 2週間

マスタードも使ってしっかり味つけ
しいたけのマヨチーズ

材料と作り方（6回分）

1. しいたけ6枚は軸を取り除く。
2. よく混ぜたピザ用チーズ大さじ3、マヨネーズ大さじ2、粒マスタード小さじ1を1の内側にぬり、オーブントースターかグリルでこんがり焼く。

すっぱ味
冷蔵 4日
冷凍 2週間

フレンチドレッシングで洋風に♪
ひじきとパプリカのサラダ

材料と作り方（6回分）

1. ひじき20gは水で戻し、熱湯をかけ、水けをきる。パプリカ（黄）¼個は横半分に切り、細いせん切りにする。
2. フライパンにオリーブオイル大さじ½を熱し、1を中火で炒め、フレンチドレッシング大さじ2を加え炒める。

甘辛味
冷蔵 5日
冷凍 NG

ごまが入って飽きない味！
こんにゃくの甘辛煮

材料と作り方（6回分）

1. こんにゃく1枚は両面に格子状に隠し包丁入れ、一口大に切る。
2. 鍋に1を入れ、和風だし汁をひたひたに注ぎ、にんにく（つぶす）1かけ分、みりん大さじ1、しょうゆ大さじ½、砂糖小さじ1を加える。落としぶたをし、ふたをして、水分を飛ばすように中火で煮る。
3. 2の火を止め、黒炒りごま大さじ1を加え混ぜる。

MEMO

**黒いおかずで
おべんとうが引き締まる**

色鮮やかなおかずの中に、黒のおかずを混ぜることで、おべんとう全体が引き締まった印象になります。栄養豊富なひじきはストックしておくと便利です。

おべんとうが一気にかわいくなる！
すきまうめおかず

 プチトマトのちくわ巻き

材料と作り方（2個分）
1 ちくわ½本は半分に切り、輪の部分を切って長方形にする。
2 1の表面を内側にして小さめのプチトマト2個を包み、ピックで止める。

2 魚肉ソーセージの
フランクフルト風

材料と作り方（4個分）
1 魚肉ソーセージ3cmは縦に4等分する。
2 プレッツェル菓子を好みの長さに折り、1に刺す。

お花のハムチーズ

材料と作り方（1個分）
1 ハム（薄切り）1枚は半分に折り、折り目が切れないように輪の部分1.5cmに5mm幅の切れ目を入れる。
2 半分に切ったスティックチーズを1にのせ、端からくるくる巻き、パスタを刺す。

かにかまの
スティックチーズ巻き

材料と作り方（1回分）
1 かに風味かまぼこ1本の赤い部分を厚さ2mmくらいはがす。
2 スティックチーズ1本を1にのせて巻き、切る。

4 アスパラの
チーズハム巻き

材料と作り方（2個分）
1 ハム（薄切り）½枚の上にスライスチーズ½枚をのせ、半分に切る。
2 ゆでたグリーンアスパラガス1本の上部を切り、1にのせ、端からくるくる巻き、ピックで刺す。同様にもう1個作る。

おべんとうを詰めてはみたけど、なんだか少しさみしいときは、
火を使わずにパパッと作れるおかずをプラスして。
一口サイズで食べやすく、かわいいおかずです。

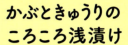

かぶときゅうりの
ころころ浅漬け

材料と作り方（作りやすい分量）

1. かぶ1個は皮をむいて1cm角に切り、きゅうり½本は1cm角に切る。
2. ジッパーつき保存袋に1、白だし小さじ1を入れ、1時間以上漬ける。

枝豆の
クリームチーズ団子

材料と作り方（2個分）

1. ゆで枝豆5粒とクリームチーズ10gを混ぜ、2等分し、ラップに包んで丸め、冷蔵庫で冷やす。
2. プレッツェル菓子½本を半分に折り、1に刺す。

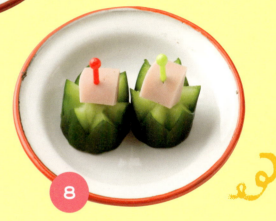

王かんきゅうり

材料と作り方（2個分）

きゅうり3cmはジグザグに切れ目を入れて半分にし、魚肉ソーセージ7mm角を1個ずつのせ、ピックで刺す。

MEMO

ほかにもまだまだある！すきまうめアイデア

忙しい朝は、単品ですきまをうめられる食材が大活躍。味や形の種類が豊富なチーズは、そのまま詰めてもよし、すきまに合わせて切って詰めてもよしの便利食材です。また、塩ゆでした野菜も便利。栄養バランスも整います。定番のにんじんやブロッコリー以外にも、とうもろこしなども彩りがきれいでおすすめです。

かわいい飾り切りテク 2
かまぼこ

切るだけで加熱しなくていいかまぼこのおかず。
ピンクと白で、おべんとうが
よりかわいらしくなります。

1 花かまぼこ
作り方
白いかまぼこを1cm幅に切り、両端を残しながら半分の厚みに切れ目を入れる。ピンクのかまぼこを3mm幅に2枚切り、1枚をしっかり巻き、もう一枚でそれを包み、白いかまぼこの切れ目に押し込む。きゅうりで葉を作り、添える。

3 りぼんかまぼこ
作り方
ピンクのかまぼこを1cm幅に切る。中央1cmを残すようにピンクの部分を両端からそぐように切り、切った部分を真ん中に向けて挟み込む。白い部分のかまぼこを四角く切り、中央にのせる。

2 ちょうちょかまぼこ
作り方
かまぼこを1cm幅のいちょう切りにし、下まで切らないよう注意しながら、半分の厚みに切れ目（**a**）を入れ、**a**に対して垂直に端から3mmほどの部分に切れ目（**b**）を入れる。さらに3mmほど内側に下から半分ほど切れ目（**c**）を入れる。（**a**）の切れ目を広げ、（**c**）の切れ目に（**e**）の切れ目を下から差し込む。

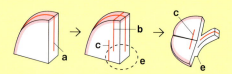

4 うさぎかまぼこ
作り方
ピンクのかまぼこを1cm幅に切る。ピンクの部分を端からそぐように2/3ほど切る。切った部分に縦に切れ目を入れ、挟み込む。のりパンチで焼きのりを丸く切って目にし、飾る。

5 鯉のぼりかまぼこ
作り方
ピンクのかまぼこを1cm幅に切る。ピンクの部分を半分までそぐように切り、切った側にしっぽのように切れ目を入れて1/3切り落とす。のりパンチで焼きのりの顔パーツを作り、飾る。

7 ハートかまぼこ
作り方
ピンクのかまぼこを1cm幅に切る。かまぼこの端を1cm残すように真ん中に切り込みを入れ、切った部分を内側に折り込み、乾燥パスタで固定する。

8 野菊かまぼこ
作り方
ピンクのかまぼこを2cm幅のいちょう切りにする。下1cm残すように5mm幅のさいの目に切り込みを入れ、コーン1粒を真ん中に差し込む。

6 くるくるかまぼこ
作り方
ピンクのかまぼこを5mm幅に2枚切り、それぞれくるっと巻いて乾燥パスタに刺す。

PART 3

ワザあり！
10分特急べんとう

思わず寝坊してしまったときに大助かりな、
10分で作れるおべんとうを紹介します。
スピードワザをマスターすれば、
普段のおべんとう作りにも活かせます。

ワザあり！10分特急べんとう　PART 3

10分弁当 1

ショートパスタのお花畑べんとう

子どもでも食べやすいショートパスタのおべんとう。
鍋1つで作れるからラクチンです。

ショートパスタ

材料（1回分）

ショートパスタ（ゆで時間3分タイプ）…30g
にんじん……………2mm幅の輪切り4枚
ズッキーニ…………2mm幅の輪切り3枚
ハム……………………………………1枚
トマトソース………………大さじ2〜3
オリーブオイル………………小さじ1

1 パスタ用の湯を沸かす。にんじん、ハムは星型でくり抜き、残りを粗みじん切りにする。
2 1の湯でパスタ、ズッキーニ、1の星形にんじんを2分ゆで、湯切りする。
3 からになった鍋にオリーブオイルを熱し、トマトソース、パスタ、1の粗みじん切りのにんじんとハムを中火で炒める。
4 3をおべんとう箱に敷き詰め、その上に2のズッキーニ、星形にんじん、1の星形ハムを飾りつける。

お花ウインナー

ウインナー1本を横半分に切り、切り口に6等分の切り込みを入れたら1分ほどゆで、湯切りする。仕上げに、トマトケチャップや、パスタのにんじんをのせる。

らくらくテク
パスタと一緒にズッキーニ、星型にんじん、お花ウインナーもゆでて。

デコポイント
にんじんとハムは星型にしてかわいく。残りは粗みじん切りにして食べて。

	スタート▶		5分		10分
くるくるパスタ	❶ にんじん、ハムを切る。ウインナーを切る。		❷ パスタ、にんじん、ズッキーニ、ウインナーをゆでる。	❸ にんじん、ハム、パスタを炒める。	詰める

79

> いなりずし用の油揚げにごはんとおかずを詰めれば完成！ スピードワザ！

10分弁当 2

オープンいなりべんとう

オープンにしてトッピングをすることで華やかに。具だくさんだからシンプルでも大満足。

オープンいなり

材料（1回分）

ごはん	子ども用茶わん1杯
油揚げ（いなりずし用）	2枚
A　ツナ缶	大さじ2
白いりごま	小さじ1
みりん	小さじ1/3
しょうが（すりおろし）	小さじ1/4
しょうゆ	小さじ1/4
うずらの卵（水煮）	1個

1 うずらの卵は半分に切る。
2 Aを耐熱ボウルに入れ、ふんわりとラップをかけ、電子レンジで1～2分加熱し、よく混ぜる。
3 油揚げにごはんを詰め、2をのせ、1を飾りつける。

ブロッコリー・プチトマト

ブロッコリー1房は塩ゆでする。

食べやすい工夫
電子レンジで加熱したら、みりんのアルコール分を飛ばすためによく混ぜて。

	スタート▶	5分		10分
オープンいなり	❶ 温める	❸ ごはんを詰めて飾る		詰める
ブロッコリー・プチトマト	❷ ゆでる		❹ ピックを刺す	

ワザあり！10分特急べんとう　PART 3

スピードワザ！
焼きそばと薄焼き卵を作れば、**あとはデコするだけ！**

10分弁当 3

オム焼きそばべんとう

忙しい朝は1品で完成するおべんとうが便利。
型抜きした薄焼き卵や野菜をのせてかわいく仕上げて。

オム焼きそば

材料（1回分）

焼きそば麺	1/2〜2/3人分
ウインナー	2本
キャベツ（粗みじん切り）	大さじ2
玉ねぎ（粗みじん切り）	大さじ1
パプリカ（赤）	1/8個
きゅうり	2mm幅の輪切り3枚
卵	1個
付属のソース	1/2〜2/3袋
植物油	小さじ1
ごま油	小さじ1

1 フライパンに植物油を熱し、溶きほぐした卵を入れ、中火で薄く焼く。真ん中をハート型（大）でくり抜き、おべんとう箱のサイズに合わせて周りを切る。
2 ウインナーは輪切りにする。パプリカはハート型（小）でくり抜き、残りを粗みじん切りにする。きゅうりはハート型（小）でくり抜く。
3 フライパンにごま油を熱し、焼きそば麺、玉ねぎ、キャベツ、**2**のウインナーとパプリカを炒める。ハート形パプリカを取り出し、残りの具材にソースを加え混ぜる。
4 おべんとう箱に**3**でソースを混ぜた具材を敷き詰め、上に**1**をかぶせ、**2**のきゅうり、**3**のハート形パプリカを飾りつける。

らくらくテク
型抜きした薄焼き卵は焼きそばにかぶせて端を押し込むだけ。包まなくていいから簡単。

デコポイント
好きな型で真ん中をくり抜いて。飾りつけの野菜も同じ型でくり抜くと◎。

	スタート▶		5分		10分
オム焼きそば	❶ 薄焼き卵を作る	❷ 切る		❸ 炒める	詰める

81

スピードワザ！
ごはん＋おかずの
おにぎらずは、
野菜を添えれば
OK！

10分弁当 4

おにぎらずべんとう

見た目のかわいらしさと手軽さがうれしいおにぎらず。
シンプルだけど栄養満点。卵の代わりにチーズを入れても。

スパムエッグおにぎらず

材料（1回分）
のり（全型の¼サイズ）……………… 2枚
ごはん …………子ども用茶わん1½杯
ランチョンミート
　…………………3mm幅のスライス1枚
卵 ………………………………………1個
植物油 ………………………………適量

1 フライパンに植物油を中火で熱し、溶きほぐした卵を入れ、卵焼きを作る。
2 ランチョンミートは半分に切り、フライパンで中火で焼く。
3 ごはんは2等分し、その半量をのりの真ん中にのせ、食べやすい厚さに切った1、2、残りのごはんの順に重ね、風呂敷包みにし、ラップでしっかり形づける。小さいおにぎらずを2個作る。
4 3を半分に切り、ラップをはずす。

ブロッコリー・プチトマト

ブロッコリー2房は塩ゆでする。

らくらくテク
広げたラップの上にのりをおいてごはんを包んで。そのままラップで包んでなじませます。

デコポイント
断面を見せて彩りアップ。切るときは、刃全体を使うようにすーっと切って。

	スタート▶		5分		10分
スパムエッグおにぎらず	❶ 卵焼きを作る	❸ ランチョンミートを焼く		❹ おにぎらずを作る	詰める
ブロッコリー・プチトマト		❷ ブロッコリーをゆでる			

ワザあり！10分特急べんとう　PART 3

スピードワザ！
ちらしずしに**型抜き野菜**と**ハム**を散らすだけで華やか！

10分弁当 5

ちらしずしべんとう

カラフルで楽しい見た目は食欲をアップ！
野菜やたんぱく質がしっかり入って栄養バランスも◎。

ちらしずし

材料（1回分）

ごはん	子ども用茶わん1½杯
ちらしずしの素	適量
卵	½個
ハム	1枚
きゅうり	2mm幅の輪切り5枚
にんじん	2mm幅の輪切り5枚
桜でんぶ	小さじ2
植物油	適量

1 テフロン加工のフライパンに植物油を熱し、卵を溶き入れ、中火でかき混ぜて炒り卵にする。
2 にんじんは花型で抜き、塩ゆでする。
3 ハム、きゅうりを花型でくり抜く。
4 ごはんにちらし寿司の素をよく混ぜる。
5 おべんとう箱に **4** を敷き詰め、上に **1**、**2**、**3**、桜でんぶを彩りよく盛りつける。

らくらくテク

忙しい朝には、ちらしずしの素を使って。すし酢を作る手間が省けてラクチン。

	スタート▶		5分		10分
ちらしずし	❶ ゆでる・炒り卵を作る		❷ くり抜く	❸ 混ぜる	詰める

83

10分弁当 **6**

バターロールサンドべんとう

炒り卵を作ったら、パンに他の具材と挟むだけ。
すきまにはフルーツを入れてビタミン補給に。

バターロールサンド

材料（1回分）

バターロール（小）	2個
卵	1/2個
マヨネーズ	小さじ1
バター	少々
塩・こしょう	少々
ハム	1枚
サラダ菜	2枚

1 テフロン加工のフライパンを中火で熱し、卵を溶き入れ、かき混ぜて炒り卵にし、マヨネーズを加え、塩、こしょうで味をととのえる。
2 バターロールは上に切り込みを入れ、バターを塗る。
3 2に1とサラダ菜、ハムとサラダ菜をそれぞれ挟み、2種類のサンドを作る。

りんご・キウイフルーツ

りんご1/8個、キウイフルーツ1/4個は一口大に切る。

汁けがあるものは、他の具材に移らないように深めのカップに入れて。

	スタート▶		5分		10分
バターロールサンド	❶ 炒り卵を作る		❷ 挟む		詰める
りんご・キウイフルーツ				❸ 切る	

ワザあり！10分特急べんとう　PART 3

スピードワザ！
サンドイッチも**巻けば簡単**。**クイックポテトサラダ**で完ぺき！

10分弁当
7

ロールサンドべんとう

手に持ちやすく、具がこぼれにくいロールサンド。
乾燥マッシュポテトを使えばポテトサラダも簡単！

ロールサンド

材料（1回分）

サンドイッチ用食パン	2枚
グリーンアスパラガス	1本
ハム	½枚
スライスチーズ	½枚
イチゴジャム	大さじ½
バター	少々

1 アスパラガスは根元の固い部分を取り除き、ゆでる。
2 食パンにバターを塗る。
3 **2**の1枚にハム、スライスチーズ、**1**をのせ、もう1枚にはイチゴジャムを塗り、それぞれくるくる巻き、ラップでくるむ。

プチトマト

ポテトサラダ

材料（1回分）

A 乾燥マッシュポテト（袋の表示通りに戻したもの）	30g
ミックスベジタブル	大さじ1
ハム（粗みじん切り）	⅙枚
マヨネーズ	大さじ½
サラダ菜	2枚

混ぜ合わせた**A**を電子レンジで1分温め、マヨネーズを加え、混ぜる。サラダ菜とともに盛りつける。

らくらくテク
ラップでくるんでキャンディー状に両端をひねり、しばらくおいておけば形も安定！

	スタート▶		5分		10分
ポテトサラダ	❶	下準備		❸ 混ぜる	詰める
ロールサンド		❷	食パンで具を巻く		
プチトマト					❹ ピックを刺す

85

スピードワザ！
トマトライスと薄焼き卵で**かわいくデコするだけ！**

10分弁当 ⑧

星の型抜きオムライスべんとう

オムライスは包まなくてもOK！
星形にくり抜いた薄焼き卵をのせるだけ。

オムライス

材料（1回分）

- A
  - ごはん……………子ども用茶わん1½杯
  - ミックスベジタブル……………大さじ1
  - トマトソース……………………大さじ2
  - バター……………………………小さじ1
  - 顆粒コンソメスープの素………小さじ½
- ウインナー………………………………1本
- 卵…………………………………………1個
- 植物油…………………………………小さじ1

1 フライパンに植物油を熱し、溶きほぐした卵を入れ、中火で薄く焼き、2種類の大きさの星形でくり抜く。
2 ウインナーは2mmの輪切りにし、耐熱ボウルに入れ、**A**を加えよく混ぜる。
3 **2**にふんわりとラップをし、電子レンジで2～3分加熱する。
4 おべんとう箱に**3**を詰め、**1**をのせる。

お花ウインナー・ブロッコリー

ウインナー1本を横半分に切り、切り口に6等分の切り込みを入れたら2分ほどゆで、湯切りする。仕上げに、オムライスのにんじんをのせる。ブロッコリー2房は30秒ほど塩ゆでする。

らくらくテク
トマトライスはフライパン不要！具材と調味料を混ぜて電子レンジにかけるだけ。

	スタート▶		5分		10分
オムライス	① 薄焼き卵を作る	② 切り、混ぜる	④ 温める・くり抜く		詰める
お花ウインナー・ブロッコリー		③ 切る	⑤ ゆでる		

PART 3 ワザあり！10分特急べんとう

スピードワザ！
ランチョンミートも野菜も**型で抜いて焼くだけ**でできる！

10分弁当
9

ロコモコ風べんとう

ハンバーグの代わりにランチョンミートを使えば簡単！
ハート型でくり抜いてかわいく盛りつけて。

主食
ロコモコ風

材料（1回分）

ごはん	子ども用茶わん1½杯
ランチョンミート	1cm幅のスライス2枚
パプリカ（赤・黄）	⅛個
うずらの卵	1個
サラダ菜	3枚

1 ランチョンミート、パプリカはハート型でくり抜く。
2 テフロン加工のフライパンで**1**を中火で焼きながら、うずらの卵を割り入れ、目玉焼きも作る。
3 おべんとう箱にサラダ菜を敷き、その上にごはんを敷きつめ、**2**を盛りつける。

らくらくテク

1つのフライパンでランチョンミート、パプリカ、うずらの卵を同時に焼くと時短に。

デコポイント

ハート型を使って4枚くり抜けば、お花のような形を作ることができます。

	スタート▶		5分		10分
ロコモコ風	❶	くり抜く	❷	焼く	詰める

87

スピードワザ！
フライパン1つでメインとサブを焼いて完成！

10分弁当 10

俵おにぎりべんとう

顔のパーツに型抜きしたのりでにっこりおにぎり。
鶏つくねと野菜は同時に焼けば時短に。

野菜入り鶏つくね

材料（1回分）

A｜鶏ひき肉 ………………………… 30g
　｜ミックスベジタブル …………… 大さじ1
　｜顆粒コンソメスープの素 ……… 小さじ1/3
　｜片栗粉 ………………………… 大さじ1/2
ごま油 …………………………… 小さじ1
B｜しょうゆ ……………………… 小さじ1/3
　｜みりん ………………………… 小さじ1/2

1 ボウルにAをよく混ぜ、2等分し、平らな丸形にする。
2 フライパンにごま油を熱し、1の片面を色づくまで中火で焼き、ひっくり返し、ふたをして弱火で2分焼く。
3 2にBを加え、中火で煮からめる。

俵おにぎり

材料（1回分）

ごはん ……………… 子ども用茶わん1杯
のり ……………………………………… 1枚

1 のりパンチでのりの顔パーツを作る。
2 ごはんは2等分して俵形のおにぎりにし、1をつけ、もうひとつのおにぎりには抜いた1のりを巻く。

にんじん・ブロッコリー

にんじん3mm幅の輪切り2枚を花型でくり抜き、ごま油適量を熱したフライパンで、ブロッコリー1房と一緒に、ふたをして弱火で2分焼く。

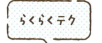
らくらくテク

鶏つくねを焼くときに花形にんじんとブロッコリーも一緒に焼けば時短になります。

	スタート▶		5分		10分
野菜入り鶏つくね	①混ぜる	②焼く			詰める
にんじん・ブロッコリー			③くり抜き、焼く		
俵おにぎり				④パーツを作り、飾る	

ワザあり！10分特急べんとう　PART 3

のり巻きは**巻くだけ！**
おかずは小鍋で**揚げるだけ！**

スピードワザ！

10分弁当 11

くるくるのり巻きべんとう

くるくるした模様がかわいいのり巻きは子どもに大人気！
おかずは鶏天とアスパラガスを一緒に揚げれば完成。

鶏天

材料（1回分）

鶏ささ身	1本
塩・こしょう	少々
天ぷら粉	少々
揚げ油	適量

1 ささ身はそぎ切りにし、塩、こしょうをふる。
2 天ぷら粉は袋の表示通りの水で溶き、1をくぐらせる。
3 2を170℃の揚げ油で2～3分揚げる。

のり巻き

材料（1回分）

ごはん	子ども用茶わん1½杯
のり（全型の½サイズ）	1枚
きゅうり	⅛本
ハム	1枚
スライスチーズ	1枚

1 のり全体にごはんを広げ、端からきゅうり、ハム、スライスチーズをのせる。
2 1をきゅうり側から巻き、3等分に切る。

アスパラガス

グリーンアスパラガス1本を3cm長さに切り、170℃の揚げ油で20～30秒揚げる。仕上げに塩を軽くふる。

デコポイント
巻き終わりの方のごはんは少なめでOK！具材は手前側に順番に重ねて。

らくらくテク

揚げる量が少ないときは、ミルクパンが小さくておすすめ！後片づけもラクチンです。

	スタート▶		5分		10分
鶏天	❶ 切って衣をつける	❷ 揚げる			詰める
アスパラガス			❸ 揚げる		
のり巻き				❹ 巻く	

89

おべんとうが一気にかわいくなる！
カラフルサンドイッチ

一口で食べやすいサンドイッチはおべんとうにもおすすめ。
ロールサンドにしたり、お好みの型で抜いたり、
具材を変えるだけで、バリエーションがこんなに広がります。

1 パプリカロールサンド
作り方
サンドイッチ用食パンにバターを塗り、スライスチーズ、ハム、ゆでパプリカ（赤）をのせてくるくる巻き、食べやすい大きさに切る。

2 かに風味かまぼこロールサンド
作り方
サンドイッチ用食パンにバターを塗り、サラダ菜、スライスチーズ、かに風味かまぼこをのせてくるくる巻き、食べやすい大きさに切る。

3 卵サラダロールサンド
作り方
サンドイッチ用食パンにバターを塗り、ハム、卵サラダ、パセリをのせてくるくる巻き、食べやすい大きさに切る。

4 厚焼き卵ロールサンド
作り方
サンドイッチ用食パンにバターを塗り、厚焼き卵、きゅうりをのせてくるくる巻き、食べやすい大きさに切る。

5 アスパラロールサンド
作り方
サンドイッチ用食パンにバターを塗り、レタス、ハム、ゆでアスパラガスをのせてくるくる巻き、食べやすい大きさに切る。

COLUMN

6 お花のミルフィーユサンド
作り方
サンドイッチ用食パン、ハムを花型で型抜きする。食パンは2個型抜きし、片面にバターを塗る。きゅうりは小さなハート型で型抜きする。食パン、ハム、卵サラダ、食パンの順に重ね、きゅうりをのせる。

7 ハートのトランプサンド
作り方
サンドイッチ用食パンの耳を切り落として4等分に切り、上にのせる食パンはハート型で中心をくり抜く。食パンの片面にバターを塗り、食パン、いちごジャム、食パンの順に重ねる。

8 一口ダブルサンド
作り方
きゅうりは薄くスライスする。サンドイッチ用食パンは、耳を切り落として6等分に切り、4枚は片面に、2枚は両面に、それぞれバターを塗る。1つはピーナッツバター、両面にバターを塗ったパン、いちごジャムの順に、もう1つはきゅうり、両面にバターを塗ったパン、ハム、スライスチーズの順に、片面にバターを塗ったパンで挟む。

＊野菜と加工食品(ハムなど)をくっつけて挟むと、塩分で水分が出てぐちゃっとするので、分けて挟むのがコツ。

9 星のホットサンド
作り方
サンドイッチ用食パンの耳を切り落として4等分に切り、上にのせる食パンは小さな星形で2か所くり抜く。食パンの片面にバターを塗り、食パン、マヨネーズ、セロリ、コンビーフ、食パンの順に重ね、オーブントースターで色よく焼く。

10 ハンバーガーサンド
作り方
サンドイッチ用食パン、ランションミート、スライスチーズを同じ丸型で型抜きする。食パンは2個型抜きする。フライパンで食パンとランションミートを両面焼く。食パン、ランションミート、チーズ、食パンの順に重ねる。

91

かわいい飾り切りテク3

いろいろな食材

いろいろな食材で、簡単にできる
飾りおかずをご紹介。
おべんとうがにぎやかになって子どもも喜ぶ♪

COLUMN

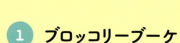

1 ブロッコリーブーケ

小房に分けた塩ゆでブロッコリーに縦にスライスしたきゅうりを巻きつける。ゆでにんじん、スライスチーズ、ハムを小さな花型で型抜きし、ブロッコリーに飾る。

2 うずらくん

うずらの卵（水煮）のとがった部分を平らに切る。プチトマトを半分に切って種を取り除き、うずらの上にのせてピックで留める。のりパンチでのりの顔パーツを作り、飾る。ほほをトマトケチャップで赤くする。

3 ハムのリボン

ハムを半分に切り、ひだを作るように1cm幅で折っていき、かに風味かまぼこの赤い部分で巻き、パスタを刺して留める。

4 ちくわのかたつむり

ちくわを縦半分に切って焼き目が内側になるようくるくる巻く。ちくわの幅に合わせてきゅうりを切って土台にし、乾燥パスタを刺して留める。のりを小さく切って目のパーツを作り、飾る。

7 ハートの卵焼き

2cm幅に切った卵焼きを、斜めに切る。片方をひっくり返して切り口を合わせる。

8 みつばちの卵焼き

2cm幅に切った卵焼きに、5mm幅に切ったのりを3本のせる。のりパンチでのりの顔パーツを作り、飾る。ゆでグリーンアスパラガスの茎またはきゅうりを羽の形に切り、のせる。

5 お魚ソーセージの信号機

魚肉ソーセージを1.5cm幅に3枚切り、ピックで3枚をつなげる。魚肉ソーセージよりひと回り小さい丸型できゅうり、スライスチーズ、かに風味かまぼこの赤い部分を型抜きし、魚肉ソーセージにのせる。

6 ハムとにんじんの梅の花

薄切りのゆでにんじんとハムを花型で型抜きする。小さい丸型でハムの花びらの部分をさらに型抜きし、にんじんに重ねる。

9 かに風味かまぼこの飾り切り

かに風味かまぼこの赤い部分を薄くはがす。赤い部分を好きな形の型で型抜きし、元のように巻く。

PART 4

一年中たのしい！
行事べんとう

ふたを開けたら子どもが大喜びの、
楽しく、華やかな行事べんとう。
どの季節でも作れるように、
ごはんのアレンジも紹介しています。

親子遠足のおべんとう

おべんとうは遠足の楽しみのひとつ。
外でも食べやすいよう、つまみやすいものを入れました。
親子で大きさを変えて、おそろいのおべんとうを。

＊写真・レシピは親子2人分です。

- たこウインナー×プチトマト
- ズッキーニ×スモークサーモンくるくるスティック
- アスパラとハムの型抜きでお花スティック
- 肉団子×きゅうり
- フリルお花
- りんご&パイナップル

1年中たのしい！行事べんとう **PART 4**

主食
スティックおにぎり2種

ズッキーニ×スモークサーモンくるくるスティック

材料（1回分）

ごはん……大人用100g・子供用50g
ズッキーニ（薄い縦スライス）
　　　　　　……大人用2枚・子供用1枚
スモークサーモン
　　　　　　……大人用2枚・子供用1枚

1 ズッキーニはさっと湯通しする。スモークサーモンは半分に細切りする。
2 ごはんはラップを使って細長く形作り、ラップをはずす。
3 2に1を斜めに巻きつけ、ラップで包む。

アスパラとハムの型抜きでお花スティック

材料（1回分）

ごはん……大人用100g・子供用50g
ふりかけ（青菜）……………小さじ1
グリーンアスパラガス………1本
ハム……………………薄切り1枚

1 アスパラガスは横半分に切る。上の方は横半分に切り、茎のパーツにする。下の方は2mmほどの輪切りを2個分とり、花弁のパーツにする。残りを斜め薄切りにし、葉っぱのパーツにする。
2 ハムは大きめの花型でくり抜き、花のパーツにする。
3 ごはんはふりかけを混ぜ、ラップを使って細長く形作り、ラップをはずす。
4 3を1、2で飾りつけ、ラップで包む。

メイン
肉団子×きゅうり

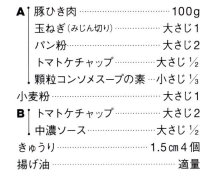

材料（肉団子7個分）

A
豚ひき肉………………………100g
玉ねぎ（みじん切り）………大さじ1
パン粉…………………………大さじ2
トマトケチャップ……………大さじ½
顆粒コンソメスープの素…小さじ⅓

小麦粉…………………………大さじ1

B
トマトケチャップ……………大さじ2
中濃ソース……………………大さじ½

きゅうり…………………1.5cm4個
揚げ油…………………………適量

1 ボウルにAを混ぜてよくこね、一口サイズに丸め、小麦粉を薄くまぶす。
2 170℃の揚げ油で1を2〜3分揚げる。
3 小鍋にBを中火で熱し、2を加え、からめる。
4 きゅうりは包丁の刃元でジグザグの切り目を1周入れて半分にし、3をのせ、ピックを刺す。

サブ
フリルお花

材料（1回分）

卵………………………………2個
ハム……………………………2枚
パスタ…………………………適量
植物油…………………………大さじ½

1 卵は溶き、植物油を熱したフライパンで中火で薄く焼き、ハムの大きさに合わせて切る。
2 1、ハムを重ね、1が外側になるように半分に折り、輪の部分1cmに7mm幅の切り目を入れ、端からくるくる巻き、パスタを刺して固定する。

食べやすい工夫

ピックはパスタで代用。刺している食品の水分でパスタが戻るので、そのまま食べられます。

サブ
たこウインナー×プチトマト

材料（1回分）

ウインナー……………………3本
黒いりごま……………………6粒
プチトマト……………………3個

1 ウインナーは縦に半分より深めに6等分の切り込みを入れる。
2 テフロン加工のフライパンで1を中弱火で焼き、黒いりごまで目をつける。
3 プチトマト、1をカップに入れる。

デザート
りんご＆パイナップル

りんご⅛個はうさぎりんごに切る。パイナップルスライス1枚は食べやすい大きさに切る。

デコおにぎりアレンジ

紅葉おにぎり

材料と作り方（1回分）

1 ゆでにんじんの薄切り、かに風味かまぼこの外側の赤い部分は小さな葉っぱ型でくり抜く。
2 ごはん50gはふりかけ（カレー味）小さじ½を混ぜ、ラップを使って細長く形作り、ラップをはずす。
3 2を1で飾りつけ、ラップで包む。

いなり寿司のくまさんおにぎり

材料と作り方（1回分）

1 のり少量はパンチし、くまの目、鼻、耳、手のパーツにする。きゅうりの薄切り3枚は小さい丸形にくり抜き、ボタンのパーツにする。
2 ごはん50gはラップを使って細長く形作り、ラップをはずす。
3 油揚げ（いなり寿司用）½枚を開き、2の¾の範囲に巻きつける。
4 3を1で飾りつけ、ラップで包む。

運動会の おべんとう

運動会は子どもにとってドキドキする一大イベント。
デコおにぎりに鉢巻きをつけて応援しましょう！
簡単で豪華に見えるおべんとうを紹介します。

＊写真・レシピは家族4人分です。

- バーベキューチキン
- 卵サラダ
- コンソメ味のフライドポテト
- ミニカップでフルーツゼリー
- ブロッコリー、星形にんじん
- いろんな顔のデコおにぎり

1年中たのしい！行事べんとう PART 4

主食
いろんな顔の デコおにぎり

材料（1回分）
- ごはん……………………………480g
- おにぎりの具（鮭・たらこ・昆布）……各適量
- のり…………………………………1枚
- 薄焼き卵…………………………卵1個分
- かに風味かまぼこ…………………1本
- トマトケチャップ…………………少々

1 のりはパンチしたり切ったりし、顔と髪のパーツにする。
2 薄焼き卵は切り、髪のパーツにする。
3 かに風味かまぼこははがして細く切り、赤と白の鉢巻きのパーツにする。
4 ごはんは6等分し、それぞれに具を入れて丸形のおにぎりにし、カップに入れる。
5 4を1、2、3で飾りつけ、トマトケチャップをほっぺ部分につける。

デコポイント
顔などの細かいパーツを貼りつけるには竹串を使うとデコりやすいです。

メイン
バーベキューチキン

材料（1回分）
- 鶏手羽元……………………………6本
- マーマレード…………………大さじ2
- しょうゆ………………………大さじ1
- にんにく……………………………1かけ

1 手羽元は切り目を入れ、2枚重ねにしたキッチンペーパーで包んで余分な水分を取り除く。にんにくは半分に切り、芽を取り除き、つぶす。
2 テフロン加工のフライパンにすべての材料を入れ、落としぶたをし、ふたをして10分煮、火が通ったら、焼き色がうっすらつくまで煮詰める。
3 2の持ち手部分をカラーホイルやワイヤータイで飾りつける。

サブ
卵サラダ

材料（1回分）
- ゆで卵………………………………2個
- たくあん……………………………2枚
- マヨネーズ……………………大さじ½

1 ゆで卵は半分に切り、黄身を取り出す。
2 たくあんはみじん切りにする。
3 1の黄身、2、マヨネーズをよく混ぜ、1の白身のくぼみに入れる。

サブ
コンソメ味の フライドポテト

材料（1回分）
- じゃがいも…………………………1個
- A 天ぷら粉………………………大さじ1
  顆粒コンソメスープの素…小さじ½
- 揚げ油……………………………適量

1 じゃがいもは皮をよく洗い、縦に8等分に切り、5分ほど水につけ、キッチンペーパーで包んで水けをふき取る。
2 1を耐熱皿にならべ、ふんわりとラップをかけ、電子レンジで2分加熱する。
3 保存袋にAをよく混ぜ、2を加えてふり、170℃の揚げ油で1分揚げる。

デザート
ミニカップで フルーツゼリー

材料（1回分）
- ミックスフルーツ缶のフルーツ…………………………½缶分
- ミックスフルーツ缶の漬け汁……100㎖
- サイダー…………………………100㎖
- アガー………………………………5g

1 フルーツを1㎝角に切る。
2 鍋に漬け汁、アガーをよく混ぜ、サイダーを加え、混ぜながら中強火で沸騰させ、30秒経ったら火を止め、粗熱を取る。
3 1、2をカップに入れ、冷蔵庫で1時間冷やす。

すきま
ブロッコリー、 星形にんじん

材料と作り方（1回分）

1 にんじん½本は7㎜幅の輪切りにし、星型でくり抜く。
2 ブロッコリー½株は食べやすい大きさに切る。
3 1、2を塩ゆでする。

デコおにぎり アレンジ

お花見 おにぎり

材料と作り方（1回分）

1 ごはん100gは2等分し、それぞれカレー、青菜のふりかけ各小さじ½を混ぜ、花型でおにぎりにする。
2 スライスチーズ¼枚は花型でくり抜き、花のパーツにする。
3 ハム½枚は花型でくり抜いた花のパーツと、小さい丸形にくり抜いた花弁のパーツにする。
4 きゅうりの薄切りは小さい丸形にくり抜き、花弁のパーツにする。
5 1を2、3、4で飾りつける。

うさぎと くまのおにぎり

材料と作り方（1回分）

1 のり適量はパンチし、目や鼻などのパーツにする。
2 スライスチーズ少量、ハム少量は型でくり抜き、耳などのパーツにする。
3 ごはん100gは2等分し、それぞれうさぎ型とくま型でおにぎりにする。
4 3を1、2で飾りつけ、トマトケチャップ適量をほっぺ部分につける。

こどもの日の おべんとう

こどもの日のシンボルである鯉のぼりをスティックおにぎりに。好きなふりかけで色づけをして。カラフルな野菜を添えてワクワクするようなおべんとうに。

- つくねボール
- うずらの味玉
- 鯉のぼり スティックおにぎり
- アスパラ、パプリカの スティック野菜
- ミルク寒天

1年中たのしい！行事べんとう **PART 4**

主食
鯉のぼり スティックおにぎり

材料（1回分）
ごはん……………子ども用茶わん1杯
きゅうり……………………薄い輪切り6枚
スライスチーズ……………………¼枚
さけフレーク（市販）……………小さじ2

1 きゅうり、チーズは半円形にし、うろこのパーツにする。
2 ごはんはさけフレークを混ぜ、2等分して俵形のおにぎりにし、1で飾りつける。
3 2をラップで包んで形を整え、ラップ用のペンで目や尾びれを描く。

デコポイント
細かいパーツやデコるのが苦手な方は、ラップに描けるペンを使えば簡単！

メイン
つくねボール

材料（1回分）
A｜鶏ひき肉……………………………50g
　｜にんじん（みじん切り）……………小さじ1
　｜万能ねぎ（小口切り）………………½本分
　｜鶏ガラスープ粉末……………小さじ⅓
　｜しょうが（すりおろし）…………小さじ⅓
　｜片栗粉……………………………大さじ⅔
B｜しょうゆ……………………………小さじ½
　｜みりん……………………………小さじ1

1 ボウルにAを混ぜてよくこね、一口サイズに丸める。
2 フライパンを熱し、1の片面に焼き色がつくまで中火で焼き、ひっくり返し、ふたをして弱火で5分焼く。
3 2にBを加え、煮からめる。盛りつける前にピックを刺す。

サブ
アスパラ、パプリカの スティック野菜

材料（1回分）
グリーンアスパラガス………………½本
パプリカ（赤・黄）………………各1/10個
A｜クリームチーズ……………大さじ½
　｜ミックスドライハーブ……………少々
　｜塩………………………………少々

1 アスパラガスとパプリカは1cm×3cmの大きさに切り、塩ゆでする。
2 Aをよく混ぜ、シリコンカップの底に入れ、1を縦に盛りつける。

サブ
うずらの味玉

材料（1回分）
うずらの卵（水煮）…………………1個
めんつゆ……………………………大さじ1
しょうが（スライス）…………………1枚

小さめのボウルにすべての材料を入れ、くるくる向きを変えながら15分ほど浸ける。

デザート
ミルク寒天

材料（作りやすい量）
牛乳…………………………………200ml
砂糖…………………………………大さじ1
アガー………………………………5g
みかん缶……………………………20粒

1 砂糖、アガーをしっかり混ぜる。
2 鍋に牛乳、1をよく混ぜながら中強火で沸騰させ、30秒加熱し、粗熱を取る。
3 みかん、2をカップに流し入れる。

男の子おにぎり バリエーション

くるま渋滞おにぎり

材料と作り方（1回分）
1 ハム、スライスチーズ各½枚は車形と窓形にくり抜く。きゅうり薄切りは丸形にくり抜きタイヤのパーツと、細長く切って窓枠のパーツにする。
2 ごはん子ども用茶わん1杯に青菜のふりかけ小さじ½を混ぜ、細長く形作る。
3 2を1で飾りつけ、ラップで包む。

新幹線スティックおにぎり

材料と作り方（1回分）
1 きゅうりの薄切りは正方形に切り、窓のパーツにする。スライスチーズ少量は丸形にくり抜き、ライトのパーツにする。のり適量はパンチし、車体の模様のパーツにする。
2 ごはん子ども用茶わん1杯にカレーのふりかけ小さじ½を混ぜ、新幹線型でおにぎりにする。
3 2を1で飾りつけ、ラップで包む。

ひなまつりの おべんとう

女の子の成長を祝うひなまつり。
おだいり様とおひな様の
おにぎりでお祝いを。
花形をプラスして、
かわいいおべんとうを
持たせてあげましょう。

フルーツみつ豆

えびとたけのこ、
グリーンピースの炒め物

花形にんじんの
卵焼き

おだいり様と
おひな様おにぎり

1年中たのしい！行事べんとう　PART 4

主食
おだいり様とおひな様おにぎり

材料（1回分）

ごはん	100g
薄焼き卵	1枚
きゅうり	適量
にんじん	薄い輪切り1枚
ハム	薄切り½枚
魚肉ソーセージ	2cm
パスタ	少々
のり	少量
トマトケチャップ	少々

1 おだいり様用のきゅうりはピーラーで縦に薄くスライスした半襟のパーツと、烏帽子としゃくの形に切ったパーツを用意する。
2 おひな様用のにんじんはゆで、扇子の形にする。魚肉ソーセージは冠の形にする。
3 薄焼き卵は半分に切る。
4 のりはパンチして顔のパーツにする。
5 ごはんは2等分し、縦長の三角形のおにぎりにする。
6 **3**に**1**のスライス、ハムをそれぞれ重ね、**5**に巻きつける。
7 **6**に**1**、**2**の残りのパーツ、**4**を飾り付ける。烏帽子と冠はパスタを刺して固定する。トマトケチャップをほっぺ部分につける。

デコポイント
きゅうりやハムの半襟のパーツと薄焼き卵を一緒に巻くことで、立体的な着物に。

メイン
えびとたけのこ、グリーンピースの炒め物

材料（1回分）

えび（小）	4尾
たけのこ（水煮、穂先）	¼本
グリーンピース	大さじ1
白だし	小さじ½
ごま油	小さじ1

1 えびは片栗粉（分量外）でもみ洗いする。たけのこは1cm角に切る。
2 フライパンにごま油を熱し、**1**、グリーンピースを中火で炒め、白だしをまわしかける。

サブ
花形にんじんの卵焼き

材料（1回分）

にんじん	½本
卵	1個
マヨネーズ	大さじ1

1 にんじんは3cm幅に3本に切り、塩水でゆで、花型でくり抜く。
2 卵とマヨネーズをよく混ぜ、熱した卵焼き器に流し入れ、**1**に巻きつけながら厚焼き卵を作る。
3 **2**を巻きすで丸く形づける。

デザート
フルーツみつ豆

材料（1回分）

フルーツみつ豆缶	適量

フルーツみつ豆缶を小さなおべんとう箱に詰める。

女の子おにぎりバリエーション

レースおにぎり

材料と作り方（1回分）

1 ハム½枚は大きめの花型でくり抜き、その中に小さな丸型で6ヵ所穴を開ける。
2 スライスチーズ少量、きゅうり薄い輪切り1枚は**1**と同じ小さな丸型でくり抜く。
3 ごはん50gは平らな丸形にし、のり¼枚を全体に包む。
4 **3**に**1**をのせ、穴部分に**2**をのせる。

デコポイント
小さな丸型で開けた穴に、同じ型で抜いたチーズをのせればずれにくく。

ティアラおにぎり

材料と作り方（1回分）

1 スライスチーズ½枚は冠形に切る。
2 ハム少量は小さな丸形でくり抜き、きゅうり薄い輪切り1枚は小さな星形でくり抜く。
3 ごはん50gは平らな丸形にし、のり¼枚を全体に包む。
4 **3**を**1**、**2**で飾りつける。

ハロウィンの おべんとう

かぼちゃの中身をくり抜いて作るジャックオランタンを
オムライスでアレンジしておべんとうに。
かぼちゃのおかずも入れてハロウィンを楽しみましょう。

一口スコッチエッグ風ハンバーグ

ジャックオランタンオムライス

ブロッコリー

かぼちゃとベーコンのまんまるコロッケ

1年中たのしい！行事べんとう　PART 4

主食

ジャックオランタンオムライス

材料（1回分）
トマトライス（P86）……………100g
薄焼き卵……………………………1枚
のり…………………………………¼枚

1　トマトライスはおべんとう箱に入るサイズの平らな丸形にし、のりを同じ形に切り、のせる。
2　薄焼き卵はジャックオランタンの顔になるようナイフでくり抜き、1にかぶせる。

らくらくテク

おべんとう箱に入れるトマトライスのサイズに合わせるときれいに仕上がる。

デコポイント

トマトライスと薄焼き卵の間にのりを挟むと顔のパーツがはっきり。

メイン

一口スコッチエッグ風ハンバーグ

材料（3個）
合いびき肉……………………………50g
A｜玉ねぎ（みじん切り）………大さじ½
　｜パン粉……………………大さじ1
　｜トマトケチャップ…………大さじ½
　｜顆粒コンソメスープの素…小さじ⅓
うずらの卵（水煮）…………………3個
植物油………………………………小さじ1

1　ボウルに合いびき肉、Aを混ぜてよくこね、うずらの卵を包む。
2　フライパンに植物油を熱し、1の片面に中火で焼き色をつけ、ひっくり返し、ふたをして弱火で3分焼く。半分に切って盛りつける。

すきま

ブロッコリー

ブロッコリー1房を食べやすい大きさに分け、塩ゆでする。

サブ

かぼちゃとベーコンのまんまるコロッケ

材料（1回分）
かぼちゃ……………………………60g
A｜ベーコン（みじん切り）………½枚分
　｜バター………………………小さじ1
　｜塩・こしょう………………各少々
小麦粉・溶き卵・パン粉…………各適量
揚げ油…………………………………適量
プレッツェル菓子……………………½本

1　かぼちゃは皮をむき、1.5cm角に切り、耐熱容器に入れ、電子レンジで2分加熱し、そのまま2分おく。
2　1をつぶしながらAを混ぜ、冷蔵庫で15〜30分冷やす。
3　2を一口大に丸め、小麦粉、溶き卵、パン粉をつけ、170℃の揚げ油で1分揚げる。
4　3にプレッツェル菓子を刺し、盛りつける。

デコオムライスバリエーション

とらとらオムライス

材料と作り方（1回分）
1　スライスチーズ1枚は半円形にし、鼻周りのパーツにする。ハム¼枚は丸型でくり抜き、耳のパーツにする。のり適量はパンチしたり切ったりして、顔としま模様のパーツにする。
2　トマトライス（P86）100gに薄焼き卵1枚をかぶせ、1で飾りつけ、トマトケチャップ適量をほっぺ部分につける。

クリスマスのおべんとう

楽しいクリスマスは夕食だけではなくおべんとうも楽しみたい！サンタのデコおにぎりやチキンはもちろん、赤・緑・白のクリスマスカラーを取り入れて。

いちご＆キウイフルーツ

サンタのデコおにぎり

ブロッコリー

プチトマト×キャンディーチーズ

ひとくちローストチキン

1年中たのしい！行事べんとう　PART 4

主食
サンタのデコおにぎり

材料（1回分）

ごはん	子ども用茶わん1½杯
スライスチーズ	適量
かに風味かまぼこ	2本
ハム	適量
のり	適量
トマトケチャップ	適量

1 スライスチーズは円形にくり抜いて半分に切り、両端を顔のパーツにする。
2 かに風味かまぼこは薄くはがして帽子のパーツにし、ひげのパーツ用には小さく切る。
3 ハムは丸型でくり抜き、ほっぺのパーツにする。のりは小さい丸形にパンチし、目のパーツにする。
4 ごはんはしずく形のおにぎりにし、**1**、**2**、**3**で飾りつけ、トマトケチャップを鼻部分につける。

デコポイント

かに風味かまぼこの赤い部分と白い部分をうまく使い分けてパーツを作って。

メイン
ひとくちローストチキン

材料（1回分）

鶏もも肉	60g
塩・ミックスドライハーブ	各少々
にんにく（つぶす）	½かけ
オリーブオイル	小さじ1

1 鶏肉は一口大に切り、身に隠し包丁を2本入れる。2枚重ねにしたキッチンペーパーで包んで余分な水分を取り除く。
2 **1**に塩、ミックスドライハーブをなじませる。
3 フライパンにオリーブオイル、にんにくを熱し、**2**の皮目を中火で焼き色がつくまで焼き、ひっくり返し、ふたをして弱火で3分焼く。
4 **3**にピックを刺して盛りつける。

サブ
プチトマト×キャンディーチーズ

材料（1回分）

プチトマト（小）	2個
キャンディーチーズ	2個

プチトマトとキャンディーチーズに長いピックを刺す。

すきま
ブロッコリー

ブロッコリー1房を食べやすい大きさに分け、塩ゆでする。

デザート
いちご＆キウイフルーツ

いちご3粒はヘタを取る。キウイ¼個は食べやすい大きさに切る。

冬のおにぎりバリエーション

雪だるまおにぎり

材料と作り方（1回分）

1 ゆでにんじん少量は鼻の形に切る。ゆでグリーンピース2粒はボタンのパーツにする。
2 のり少量はパンチし、顔のパーツにする。
3 ごはん50gは大小2つに分け、それぞれ丸形のおにぎりにし、2つをくっつける。
4 **3**の首部分にかに風味かまぼこ少量を巻きつけ、**1**、**2**で飾りつける。

雪の結晶おにぎり

材料と作り方（1回分）

1 きゅうり、ハム、スライスチーズ各少量は雪の結晶型でくり抜く。
2 ごはん50gは平らな丸形のおにぎりにし、全体をのり¼枚で包み、**1**で飾りつける。

季節をたのしむ 春夏秋冬おかず

 さわやかな緑色の野菜でおべんとうがパッと明るく！

枝豆とえびのピック

材料と作り方（6個分）
1 むきえび6尾は片栗粉で軽くもんで洗い、顆粒コンソメスープの素小さじ½を溶いた湯100㎖でゆでる。冷凍枝豆18粒は解凍する。
2 1にピックを刺す。

たけのことそら豆の一口フリット

材料と作り方（1回分）
1 たけのこ（水煮）⅛本は1㎝角、そら豆6粒は皮をむき、半分に切る。ウインナー2本は5㎜幅の輪切りにする。
2 ボウルに1、天ぷら粉大さじ2をよく混ぜ、袋の表示通りの水で溶き、混ぜる。170℃の揚げ油に一口サイズずつ落とし、揚げる。

キャベツとアスパラ、ハムのロールサラダ

材料と作り方（作りやすい分量）
1 キャベツ2枚とグリーンアスパラガス2本はさっと塩ゆでし、ざるにあげて冷ます。
2 巻きすにキャベツ、ハム（薄切り）2枚、アスパラガスを順にのせて巻く。水けをぎゅっと絞り、そのまま冷まし、食べやすい大きさに切る。

 緑黄色野菜が豊富な夏ならではのおかず！

パプリカのスペイン風オムレツ

材料と作り方（作りやすい分量）
1 パプリカ（赤・黄）各¼個は1㎝角に切り、ベーコン1枚は粗みじん切りにする。小さい卵焼き器にオリーブオイル大さじ1を熱し、炒める。
2 卵3個を溶き、顆粒コンソメスープの素小さじ⅓を加えてよく混ぜたら1に加え、ゆるいスクランブルエッグにし、底の方が固まったらひっくり返してさらに焼く。焼けたら小さめの四角形に切る。

スイートパンプキン

材料と作り方（3個分）
1 かぼちゃ60gは皮をむき、1.5㎝角に切り、耐熱ボウルに入れ、ラップをして電子レンジで1分30秒～2分加熱し、そのまま2分おく。バター小さじ1、砂糖小さじ2を混ぜ、冷蔵庫で冷やしたら、小さく丸める。
2 1に溶いた卵黄適量を塗り、トースターで30秒～1分30秒、焼き色がつくまで焼き、粗熱が取れたらプレッツェル菓子適量を刺す。

枝豆たっぷりのつくね

材料と作り方（3個分）
1 ボウルに鶏ももひき肉50g、長ねぎ、しょうが（みじん切り）各小さじ½、酒小さじ1、顆粒鶏ガラスープの素小さじ⅓、片栗粉大さじ⅔を入れてよく混ぜ、枝豆15粒を加えて混ぜ、一口大の平らな丸形にする。
2 ごま油適量を熱したフライパンで1の片面に焼き色をつけてひっくり返し、ふたをして弱火で3分焼き、みりん小さじ1、しょうゆ小さじ½をからめる。
3 スライスチーズ1枚は星型でくり抜き、2に飾りつける。

1年中たのしい！行事べんとう　PART 4

1年中買うことができる食材も多いですが、旬のものがやっぱりおいしい。
旬の食材を使って、季節を感じることができるおかずです。

きのこ、根菜、いもで秋を感じて。

しめじのベーコン巻き

材料と作り方（4個分）

1 ベーコン2枚を半分に切り、しめじ3〜4本ずつに巻きつけ、巻き終わりに片栗粉をつける。
2 フライパンにオリーブオイル小さじ1を熱し、**1**のとじ目を下にして焼き、ひっくり返して火が通るまで焼き、しょうゆ小さじ½をからめる。焼けたらピックを刺す。

バターピーナッツの焼き里いも

材料と作り方（3個分）

1 里いも小4個は皮をむき、ラップをして電子レンジで加熱し、そのまま置いて余熱で中まで火を通す。手でつぶし、栗形にまとめ、底に砕いたバターピーナッツ大さじ2をつける。
2 フライパンにごま油小さじ1を熱し、**1**を両面焼き色がつくまで焼き、めんつゆ小さじ2をからめる。

れんこんの豚バーグ

材料と作り方（3個分）

1 れんこんは2mm幅に3枚切り、酢水につけ、水けを拭き取り、片栗粉小さじ2をふる。
2 ボウルに豚赤身ひき肉50g、玉ねぎ（みじん切り）大さじ½、パン粉大さじ1、酒大さじ½、顆粒コンソメスープの素小さじ⅓を入れてよくこねて3等分し、**1**の片面につける。
3 フライパンに植物油適量を熱し、**2**のれんこんの面を焼き色がつくまで焼き、ひっくり返してふたをして3分焼き、しょうゆ小さじ½、バター小さじ1を加えて煮からめる。
4 スライスチーズ½枚は丸型で抜き、粗熱を取った**3**の穴部分につける。

冬の野菜は甘みがましておいしい！

ほうれん草と星形
ランチョンミートの炒め物

材料と作り方（作りやすい分量）

1 ほうれん草½束は3cm幅に切る。
2 ランチョンミート7mm幅スライス2枚は小さめの星型でくり抜く。
3 フライパンにオリーブオイル小さじ1を熱して**2**を焼き、**1**を加えてしんなりするまで炒め、塩、こしょう各少々で味をととのえる。

大根の肉巻き

材料と作り方（6個分）

1 豚ロースしゃぶしゃぶ用肉6枚は塩、こしょう各適量をふる。大根1/10本はスライサーで細く切り、豚肉で巻く。
2 フライパンにごま油小さじ1を熱しつぶしたにんにく½かけを入れ、**1**をとじ目から焼きはじめ、全体をまんべんなく焼く。粗熱を取り、ハート型でパンチして穴をあけた焼きのり適量を巻きつける。

黒豆のパンケーキ

材料と作り方（作りやすい分量）

1 ボウルにホットケーキミックス1袋（100〜150g）、卵1個、牛乳150〜180ml（袋に表示されている分量）を入れて混ぜ、汁けをきった黒豆（甘煮）150gを加え、混ぜる。
2 フライパンに植物油適量を熱し、**1**を一口サイズに流し入れ、焼く。

材料別さくいん

肉類・肉加工品

● 牛肉
ハヤシ風トマトケチャップ炒め·················54
チンジャオロース·····························55
牛肉と枝豆のしぐれ煮·························55
牛肉とにんじんの甘辛焼き·····················55

● 豚肉
レンチンロール·······························52
やわらかしょうが焼き·························53
トンテキ·····································53
甘酢豚·······································53
厚揚げのとんかつ·····························67
れんこんの肉巻き焼き·························72
大根の肉巻き·································107

● 鶏肉
チキンナゲット·······························20
鶏の照り焼き·································50
皮なしからあげ·······························51
鶏ささ身ロール·······························51
鶏ささ身のピカタ·····························51
鶏天···89
バーベキューチキン·····························97
ひとくちローストチキン·······················105

● ひき肉
ハンバーグ·····································20
シュウマイ·····································26
鶏そぼろ·····································56
照り焼きバーグ·······························56
鶏つくね·····································56
豆のドライカレー·····························64
厚揚げの麻婆·································67
野菜入り鶏つくね·····························88
肉団子×きゅうり·····························95
つくねボール·································99
一口スコッチエッグ風ハンバーグ···············103
枝豆たっぷりのつくね·························106
れんこんの豚バーグ···························107

● 肉加工品
パプリカといんげんのベーコンロール·············24
ナポリタンショートパスタ·····················25
キャンディーチーズとハムのピック···············28
一口ミックスサンド·····························29
いんげんとウインナーのしょうゆ炒め···············33
ロールサンド·································35
ポテトサラダ·····························35・85
キンパ風のりまき·····························36
グラタン·····································37

ピーマンのコンビーフ炒め·····················37
カラフルマカロニサラダ·······················39
電車のスティックおにぎり·····················40
一口デコおにぎり·····························41
ホットドック·································42
卵サラダ·····································42
一口デコいなり·······························43
水玉おにぎり·································44
お花畑ごはん·································45
くまちゃんごはん·····························45
ハートオムライス·····························45
鶏ささ身ロール·······························51
ウインナーエッグ·····························57
ハムとチーズのミルフィーユ·····················57
ベーコンのポテト巻き·························57
たらのベーコン巻き·························59
蒸し大豆とベーコンのお焼き·····················65
厚揚げベーコンのくるくる巻き···················67
パプリカとウインナーのカレー炒め···············69
ピーマンとベーコンの炒め物·····················70
しめじとベーコンの炒め物·····················72
なすのベーコン焼き···························73
お花のハムチーズ·····························74
アスパラのチーズハム巻き·····················74
ショートパスタ·······························79
お花ウインナー···························79・86
オム焼きそば·································81
スパムエッグおにぎらず·······················82
ちらしずし·································83
バターロールサンド·····························84
ロールサンド·································85
オムライス·································86
ロコモコ風·································87
のり巻き·····································89
パプリカロールサンド·························90
卵サラダロールサンド·························90
アスパラロールサンド·························90
お花のミルフィーユサンド·····················91
一口ダブルサンド·····························91
星のホットサンド·····························91
ハンバーガーサンド···························91
ハムのリボン·································92
ハムとにんじんの梅の花·······················92
スティックおにぎり···························95
フリルお花·································95
お花見おにぎり·······························97
うさぎとくまのおにぎり·······················97
くるま渋滞おにぎり···························99
おだいり様とおひな様おにぎり·················101
レースおにぎり·······························101
ティアラおにぎり·····························101
かぼちゃとベーコンのまんまるコロッケ···········103
とらとらオムライス···························103

サンタのデコおにぎり·························105
雪の結晶おにぎり·····························105
たけのことそら豆の一口フリット·················106
キャベツとアスパラ、ハムのロールサラダ·······106
パプリカのスペイン風オムレツ·················106
しめじのベーコン巻き·························107
ほうれん草と星形ランチョンミートの炒め物··107

魚介類・貝類・海草類・魚加工品

● いか
いかのフリッター·····························62

● えび
えびフライ·····································20
ポップシュリンプ·····························38
えびマヨ·····································62
えびカツ·····································62
えびとたけのこ、グリーンピースの炒め物···101
枝豆とえびのピック···························106

● かまぼこ・かに風味かまぼこ
そぼろで揚げ焼きコロッケ·····················31
かにかま入り厚焼き卵·························31
かにかまのスティックチーズ巻き···············74
かに風味かまぼこロールサンド·················90
ハムのリボン·································92
かに風味かまぼこの飾り切り·····················92
紅葉おにぎり·································95
いろんな顔のデコおにぎり·····················97
サンタのデコおにぎり·························105
雪だるまおにぎり·····························105

● 魚肉ソーセージ
きゅうりと魚肉ソーセージのくるくる巻き···31
お魚ソーセージときゅうりのピック···············37
ロールおひたし·······························40
魚肉ソーセージのフランクフルト風···············74
王かんきゅうり·······························75
お魚ソーセージの信号機·······················92
おだいり様とおひな様おにぎり·················101

● さけ・さけフレーク
サーモンのムニエル·····························58
サーモンのチーズ焼き·························59
スティックおにぎり···························95
鯉のぼりスティックおにぎり·····················99

● 塩昆布
ピーマンの塩昆布炒め·························70

● しらす
しらすの厚焼き卵·····························41

● たら
白身魚のフリット·····························32
やわらかレンチンたらの甘酢和え···············59
たらのベーコン巻き···························59

● ちくわ
ちくわのパプリカ入り·························25
ちくわと枝豆の甘辛炒め·······················63

ちくわの野菜ロール …………… 63
プチトマトのちくわ巻き …………… 74
ちくわのかたつむり …………… 92

● ツナ缶
アスパラとツナのおにぎらず …………… 31
ツナとコーンの炊き込みピラフ …………… 33
ツナとコーンのそぼろ …………… 63
ミックスビーンズとツナのサラダ …………… 65
にんじんのしりしり …………… 69
オープンいなり …………… 80

● はんぺん
えびカツ …………… 62
枝豆のつまみ揚げ …………… 65

● ひじき
ひじきとパプリカのサラダ …………… 73

● ぶり
ぶりの照り焼き …………… 61
ぶりの竜田揚げ …………… 61

● まぐろ
まぐろのバーベキューステーキ …………… 61

● めかじき
白身魚のフライ …………… 26
めかじきの南蛮漬け …………… 60
めかじきのみそ漬け …………… 60
めかじきのトマトソース …………… 60

野菜

● かぶ
かぶの浅漬け …………… 41
かぶときゅうりのころころ浅漬け …………… 75

● かぼちゃ
かぼちゃのチーズボール …………… 36
かぼちゃのサラダ …………… 71
かぼちゃとベーコンのまんまるコロッケ …… 103
スイートパンプキン …………… 106

● キャベツ
ロールおひたし …………… 40
オム焼きそば …………… 81
キャベツとアスパラ、ハムのロールサラダ … 106

● きゅうり
一口ミックスサンド …………… 29
きゅうりと魚肉ソーセージのくるくる巻き …………… 31
キンパ風のりまき …………… 36
お魚ソーセージときゅうりのピック …………… 37
電車のスティックおにぎり …………… 40
一口デコいなり …………… 43
テリヤキバーガー …………… 50
かぶときゅうりのころころ浅漬け …………… 75
王かんきゅうり …………… 75
オム焼きそば …………… 81
ちらしずし …………… 83
のり巻き …………… 89
厚焼き卵ロールサンド …………… 90

お花のミルフィーユサンド …………… 91
一口ダブルサンド …………… 91
ブロッコリーブーケ …………… 92
肉団子×きゅうり …………… 95
いなり寿司のくまさんおにぎり …………… 95
鯉のぼりスティックおにぎり …………… 99
くるま渋滞おにぎり …………… 99
新幹線スティックおにぎり …………… 99
おだいり様とおひな様おにぎり …………… 101
レースおにぎり …………… 101
ティアラおにぎり …………… 101
雪の結晶おにぎり …………… 105

● グリーンアスパラガス
アスパラとツナのおにぎらず …………… 31
アスパラとパプリカのチーズ和え …………… 34
ロールサンド …………… 35
サーモンとアスパラのサラダ菜巻き …………… 58
ちくわの野菜ロール …………… 63
アスパラのバターしょうゆ …………… 70
アスパラのチーズハム巻き …………… 74
ロールサンド …………… 85
アスパラロールサンド …………… 90
スティックおにぎり …………… 95
アスパラ、パプリカのスティック野菜 …………… 99
キャベツとアスパラ、ハムのロールサラダ …… 106

● コーン
ツナとコーンの炊き込みピラフ …………… 33
グラタン …………… 37
ツナとコーンのそぼろ …………… 63
コーンサラダ …………… 71

● さやいんげん
パプリカといんげんのベーコンロール …………… 24
3色そぼろごはん …………… 28
いんげんとウインナーのしょうゆ炒め …………… 33
鶏ささ身ロール …………… 51
レンチンロール …………… 52
いんげんのピーナッツ炒め …………… 70

● ズッキーニ
ズッキーニのフリット …………… 30
ショートパスタ …………… 79
スティックおにぎり …………… 95

● セロリ
星のホットサンド …………… 91

● 大根
大根の肉巻き …………… 107

● たけのこ
たけのこの土佐煮 …………… 72
えびとたけのこ、グリーンピースの炒め物 …… 101
たけのことそら豆の一口フリット …………… 106

● 玉ねぎ
ハンバーグ …………… 20
シュウマイ …………… 26
ツナとコーンの炊き込みピラフ …………… 33

カラフルマカロニサラダ …………… 39
やわらかしょうが焼き …………… 53
ハヤシ風トマトケチャップ炒め …………… 54
照り焼きバーグ …………… 56
豆のドライカレー …………… 64
オム焼きそば …………… 81
肉団子×きゅうり …………… 95
一口スコッチエッグ風ハンバーグ …………… 103
れんこんの豚バーグ …………… 107

● トマト
プチトマトのちくわ巻き …………… 74
うずらくん …………… 92

● なす
なすの揚げ浸し …………… 73
なすのベーコン焼き …………… 73

● 長ねぎ・万能ねぎ
しらすの厚焼き卵 …………… 41
親子煮 …………… 50
レンチンロールの塩焼きそば …………… 52
鶏つくね …………… 56
サーモンのピラフ風 …………… 58
蒸し大豆とベーコンのお焼き …………… 65
厚揚げの麻婆 …………… 67
つくねボール …………… 99
枝豆たっぷりのつくね …………… 106

● にんじん
花形にんじんのコンソメゆで …………… 28
ウサギのうずら …………… 34
キンパ風のりまき …………… 36
電車のスティックおにぎり …………… 40
鶏ささ身ロール …………… 51
レンチンロール …………… 52
牛肉とにんじんの甘辛焼き …………… 55
鶏つくね …………… 56
ちくわの野菜ロール …………… 63
豆のドライカレー …………… 64
キャロットラペ …………… 69
にんじんのオレンジグラッセ …………… 69
にんじんのしりしり …………… 69
じゃがいもとにんじんのきんぴら …………… 72
ショートパスタ …………… 79
ちらしずし …………… 83
ハムとにんじんの梅の花 …………… 92
紅葉おにぎり …………… 95
つくねボール …………… 99
おだいり様とおひな様おにぎり …………… 101
花形にんじんの卵焼き …………… 101
雪だるまおにぎり …………… 105

● パプリカ・ピーマン
パプリカといんげんのベーコンロール …………… 24
ちくわのパプリカ入り …………… 25
アスパラとパプリカのチーズ和え …………… 34
ロールサンド …………… 35

109

ピーマンのコーンビーフ炒め･･････････37
ピーマンとじゃがいものきんぴら･････43
鶏の照り焼きとパプリカのレンジ炒め･････50
やわらかしょうが焼き･････････････53
チンジャオロース･･･････････････55
厚揚げの麻婆･･･････････････････67
パプリカとウインナーのカレー炒め･････69
パプリカの揚げ浸し････････････････69
ピーマンの塩昆布炒め･･･････････70
ピーマンとベーコンの炒め物･･･････70
ひじきとパプリカのサラダ･･･････73
オム焼きそば･･････････････････81
ロコモコ風･･････････････････87
パプリカロールサンド････････････90
アスパラ、パプリカのスティック野菜･････99
パプリカのスペイン風オムレツ･･･････106

● ブロッコリー
ちくわのパプリカ入り･･････････････25
ブロッコリーのハーブボイル･･･････70
ブロッコリーブーケ･･･････････････92

● ほうれん草
ロールおひたし･････････････････40
ほうれん草と星形ランチョンミートの炒め物･･107

● ミックスベジタブル
ナポリタンショートパスタ･･･････25
そぼろ炒飯･･････････････････30
ポテトサラダ･･････････････35・85
卵サラダ･･････････････････42
オムライス･･････････････････86
野菜入り鶏つくね･･･････････････88

● レタス・サラダ菜
ホットドック･･････････････････42
テリヤキバーガー･･･････････････50
サーモンとアスパラのサラダ菜巻き･････58
豆のドライカレーサンド･･････････64
バターロールサンド･･･････････84
ロコモコ風･･････････････････87
かに風味かまぼこロールサンド･･････90
アスパラロールサンド････････････90

● れんこん
れんこんの肉巻き焼き･･････････72
れんこんの豚バーグ････････････107

きのこ類

● しいたけ
しいたけのマヨチーズ･･････････73

● しめじ
しめじとベーコンの炒め物･････････72
しめじのベーコン巻き･･････････107

いも類

● さつまいも
大学いも･････････････････････27

スイートフライドポテト･････････71
さつまいものレモン煮･･･････････71

● 里いも
バターピーナッツの焼き里いも･････107

● じゃがいも・乾燥マッシュポテト
そぼろで揚げ焼きコロッケ･･･････31
ポテトサラダ･････････････35・85
ピーマンとじゃがいものきんぴら･････43
ベーコンのポテト巻き･･･････････57
カレー風味の焼きポテトコロッケ･････64
じゃがいもとチーズのマッシュ焼き･････71
じゃがいもとにんじんのきんぴら･････72
じゃがいもの煮っころがし･････････72
コンソメ味のフライドポテト･･････97

卵類

うずらのピック･････････････････22
かにかま入り厚焼き卵･･･････････31
ウサギのうずら･････････････････34
フレンチトースト･･････････････39
しらすの厚焼き卵･･････････････41
卵サラダ･･････････････････42
一口デコいなり･････････････････43
ライオンおにぎり･･････････････44
みつばちおにぎり･･････････････44
にっこりおにぎり･･････････････44
お花畑ごはん･････････････････45
お友達ごはん･････････････････45
くまちゃんごはん･･････････････45
ハートオムライス･･････････････45
電車ごはん･････････････････45
大きなお花ウインナー････････････46
親子煮･･････････････････････50
鶏ささ身のピカタ･･････････････51
ハヤシ風トマトケチャップ炒めのオムレツ･････54
ウインナーエッグ･･････････････57
豆のドライカレーサンド･････････64
厚焼きのり巻き卵･･････････････66
マヨ炒り卵･････････････････66
うずらのカレーピクルス･････････66
にんじんのしりしり････････････69
オープンいなり････････････････80
オム焼きそば･･････････････････81
スパムエッグおにぎらず･････････82
ちらしずし･････････････････83
バターロールサンド･･･････････84
オムライス･･････････････････86
ロコモコ風･･････････････････87
卵サラダロールサンド････････････90
厚焼き卵ロールサンド････････････90
お花のミルフィーユサンド･････････91
うずらくん･････････････････92
ハートの卵焼き･････････････････92

みつばちの卵焼き･･････････････92
フリルお花･････････････････95
いろんな顔のデコおにぎり･････････97
卵サラダ･･････････････････97
うずらの味玉･････････････････99
おだいり様とおひな様おにぎり･････101
花形にんじんの卵焼き･･･････････101
ジャックオランタンオムライス･････103
一口スコッチエッグ風ハンバーグ･････103
とらとらオムライス････････････103
パプリカのスペイン風オムレツ･････106
黒豆のパンケーキ･･････････････107

こんにゃく

こんにゃくの甘辛煮･･･････････73

乳製品

● 牛乳
ミルク寒天･････････････････99
黒豆のパンケーキ･･････････････107

● チーズ
バターロールバーガー････････････23
のりナゲット･･････････････････24
顔デコごはん･････････････････27
キャンディーチーズとハムのピック･････28
一口ミックスサンド････････････29
アスパラとパプリカのチーズ和え･････34
ロールサンド･･･････････････35
かぼちゃのチーズボール･････････36
グラタン･･･････････････････37
一口デコおにぎり･･････････････41
水玉おにぎり･････････････････44
お花畑ごはん･････････････････45
ハムとチーズのミルフィーユ･････57
サーモンのチーズ焼き･･････････59
じゃがいもとチーズのマッシュ焼き･････71
しいたけのマヨチーズ･･････････73
お花のハムチーズ･･････････････74
アスパラのチーズハム巻き･････････74
かにかまのスティックチーズ巻き･････74
枝豆のクリームチーズ団子･････････75
ロールサンド･･･････････････85
のり巻き･･･････････････････89
パプリカロールサンド････････････90
かに風味かまぼこロールサンド･･････90
一口ダブルサンド･･････････････91
ハンバーガーサンド････････････91
お花見おにぎり･････････････････97
うさぎとくまのおにぎり･････････97
鯉のぼりスティックおにぎり･････････99
アスパラ、パプリカのスティック野菜･････99
くるま渋滞おにぎり････････････99
新幹線スティックおにぎり･････････99

110

レースおにぎり …………………… 101
ティアラおにぎり ………………… 101
とらとらオムライス ……………… 103
サンタのデコおにぎり …………… 105
雪の結晶おにぎり ………………… 105
枝豆たっぷりのつくね …………… 106
れんこんの豚バーグ ……………… 107

豆類・大豆加工品

● 油揚げ・厚揚げ
一口デコいなり …………………… 43
厚揚げとベーコンのくるくる巻き …… 67
厚揚げのとんかつ ………………… 67
厚揚げの麻婆 ……………………… 67
オープンいなり …………………… 80
いなり寿司のくまさんおにぎり …… 95

● 枝豆
枝豆ごはん ………………………… 21
牛肉と枝豆のしぐれ煮 …………… 55
ちくわと枝豆の甘辛炒め ………… 63
枝豆のつまみ揚げ ………………… 65
枝豆のクリームチーズ団子 ……… 75
枝豆とえびのピック ……………… 106
枝豆たっぷりのつくね …………… 106

● グリーンピース
えびとたけのこ、グリーンピースの炒め物 …… 101
雪だるまおにぎり ………………… 105

● 黒豆
黒豆のパンケーキ ………………… 107

● そら豆
たけのことそら豆の一口フリット ……… 106

● 大豆
豆のドライカレー ………………… 64
蒸し大豆とベーコンのお焼き …… 65

● ミックスビーンズ
ミックスビーンズとツナのサラダ …… 65

果実類

● パイナップル
甘酢豚 ……………………………… 53

● みかん缶
ミルク寒天 ………………………… 99

● ミックスフルーツ缶
ミニカップでフルーツゼリー ……… 97

● レモン
さつまいものレモン煮 …………… 71

● レーズン
かぼちゃのチーズボール ………… 36
かぼちゃのサラダ ………………… 71

種実類

● くるみ
かぼちゃのサラダ ………………… 71

● ピーナッツ
いんげんのピーナッツ炒め ……… 70
バターピーナッツの焼き里いも …… 107

主食・皮・粉類

● ごはん・米
枝豆ごはん ………………………… 21
サッカーボールおにぎり ………… 22
ふりかけ一口おにぎり …………… 24
顔デコごはん ……………………… 27
3色そぼろごはん ………………… 28
そぼろ炒飯 ………………………… 30
アスパラとツナのおにぎらず …… 31
ツナとコーンの炊き込みピラフ …… 33
パンダおにぎり …………………… 34
キンパ風のりまき ………………… 36
電車のスティックおにぎり ……… 40
一口デコおにぎり ………………… 41
一口デコいなり …………………… 43
ライオンおにぎり ………………… 44
みつばちおにぎり ………………… 44
水玉おにぎり ……………………… 44
にっこりおにぎり ………………… 44
手まりおにぎり …………………… 44
お花畑ごはん ……………………… 45
お友達ごはん ……………………… 45
くまちゃんごはん ………………… 45
ハートオムライス ………………… 45
電車ごはん ………………………… 45
サーモンのピラフ風 ……………… 58
オープンいなり …………………… 80
スパムエッグおにぎらず ………… 82
ちらしずし ………………………… 83
オムライス ………………………… 86
ロコモコ風 ………………………… 87
俵おにぎり ………………………… 88
のり巻き …………………………… 89
スティックおにぎり ……………… 95
紅葉おにぎり ……………………… 95
いなり寿司のくまさんおにぎり …… 95
いろんな顔のデコおにぎり ……… 97
お花見おにぎり …………………… 97
うさぎとくまのおにぎり ………… 97
鯉のぼりスティックおにぎり …… 99
くるま渋滞おにぎり ……………… 99
新幹線スティックおにぎり ……… 99
おだいり様とおひな様おにぎり …… 101
レースおにぎり …………………… 101
ティアラおにぎり ………………… 101
ジャックオランタンオムライス …… 103
とらとらオムライス ……………… 103
サンタのデコおにぎり …………… 105
雪だるまおにぎり ………………… 105

雪の結晶おにぎり ………………… 105

● シュウマイの皮・春巻きの皮・餃子の皮
シュウマイ ………………………… 26
洋風一口揚げ春巻き ……………… 54
辛くないサモサ風 ………………… 64

● 焼きそば麺
レンチンロールの塩焼きそば …… 52
オム焼きそば ……………………… 81

● パスタ・マカロニ
ナポリタンショートパスタ ……… 25
グラタン …………………………… 37
カラフルマカロニサラダ ………… 39
ごちそうナポリタン ……………… 54
ショートパスタ …………………… 79

● パン
バターロールバーガー …………… 23
一口ミックスサンド ……………… 29
ロールサンド ……………………… 35
フレンチトースト ………………… 39
ホットドック ……………………… 42
テリヤキバーガー ………………… 50
豆のドライカレーサンド ………… 64
バターロールサンド ……………… 84
ロールサンド ……………………… 85
パプリカロールサンド …………… 90
かに風味かまぼこロールサンド …… 90
卵サラダロールサンド …………… 90
厚焼き卵ロールサンド …………… 90
アスパラロールサンド …………… 90
お花のミルフィーユサンド ……… 91
ハートのトランプサンド ………… 91
一口ダブルサンド ………………… 91
星のホットサンド ………………… 91
ハンバーガーサンド ……………… 91

● ホットケーキミックス
黒豆のパンケーキ ………………… 107

著者
上島亜紀（かみしま あき）

料理家・フードコーディネーター＆スタイリストとして女性誌を中心に活動。企業のレシピ監修、提案も行う。パン講師、食育アドバイザー、ジュニア・アスリートフードマイスター取得。簡単に作れる日々の家庭料理を大切にしながら、主宰する料理教室「A's Table」では、楽しくて美しいおもてなし料理を提案。著書に『切って並べて焼くだけ！ 天板1枚で、ごちそうオーブン料理』（学研プラス）、『一度にたくさん作るからおいしい煮込み料理』（成美堂出版）、『ひとりぶんでも、きちんとおいしいごはん』（ナツメ社）などがある。

STAFF

撮影／千葉 充
スタイリング／坂上嘉代
デザイン／齋藤彩子
調理アシスタント／常峰ゆう子
編集協力／丸山みき　岩本明子　柿本ちひろ（SORA企画）、大森奈津

かんたん！かわいい！
はじめての園児（えんじ）のおべんとう

著　者	上島亜紀
発行者	若松和紀
発行所	株式会社 西東社 〒113-0034　東京都文京区湯島2-3-13 https://www.seitosha.co.jp/ 電話　03-5800-3120（代）

※本書に記載のない内容のご質問や著者等の連絡先につきましては、お答えできかねます。

落丁・乱丁本は、小社「営業部」宛にご送付ください。送料小社負担にてお取り替えいたします。
本書の内容の一部あるいは全部を無断で複製（コピー・データファイル化すること）、転載（ウェブサイト・ブログ等の電子メディアも含む）することは、法律で認められた場合を除き、著作者及び出版社の権利を侵害することになります。代行業者等の第三者に依頼して本書を電子データ化することも認められておりません。

ISBN 978-4-7916-2552-9